Los Bacardí

Los Bacardí
Una familia entre el ron y la revolución cubana

URSULA L. VOSS

PLAZA JANÉS

Los Bacardí

Título original: *Die Bacardis*

Primera edición, 2006

© 2005, Ursula L. Voss
© 2005, Campus Verlag GmbH
© 2006, Enrique Adolfo López Magallón, por la traducción

D.R. 2006, Random House Mondadori, S.A. de C.V.
Av. Homero 544, Col. Chapultepec Morales,
Del. Miguel Hidalgo, 11570 México, D. F.

<www.randomhousemondadori.com.mx>

Comentarios sobre la edición y contenido de este libro a:
<literaria@randomhousemondadori.com.mx>

Formación tipográfica, edición y corrección: <www.co-media.com.mx>

Queda rigurosamente prohibida, sin la autorización escrita de los titulares del *copyright*, bajo las sanciones establecidas en las leyes, la reproducción total o parcial de esta obra por cualquier medio o procedimiento, comprendidos la reprografía y el tratamiento informático y la distribución de ejemplares de ella mediante alquiler o préstamo público.

ISBN: 968-5962-00-6

Impreso en México / *Printed in Mexico*

*Para Ute, ángel de la guarda y
animadora de todos los viajes*

ÍNDICE

PRÓLOGO 11

PRIMERA PARTE
Los Bacardí en Cuba

Recopilación de pruebas: Santiago
    de Cuba 17
1. "¡Nos vamos a Cuba!" Un catalán
    comerciante de licores 26
2. "¡Cuba libre!" La familia Bacardí en
    la guerra de independencia 44
3. Rumbo al paraíso: Bacardí
    y la prohibición. 69
4. "¡Los haré ricos!" Victoria en los mercados
    mundiales, derrota en casa. 97

SEGUNDA PARTE
Los Bacardí en el exilio

Recopilación de pruebas: entre La
    Habana y Bruselas 139

5. "Si ha de correr la sangre, pues que corra."
   La guerra de los Bacardí contra Castro 151
6. "¡Vende y llévate tu dinero al banco!"
   La familia en crisis 183
7. "¡Queremos crecer, crecer, crecer!" Bacardí
   en el juego global 205
Recopilación de pruebas: de Puerto Rico
   a la Costa del Sol 225

NOTAS 245

APÉNDICE
   Árbol genealógico 251

BIBLIOGRAFÍA 259
   Entrevistas 261

PRÓLOGO

> Come on over, have some fun
> Dancing in the morning sun,
> We can keep this dream alive,
> if we try.

Bacardí. Sin duda conocemos el nombre. Cerramos los ojos, imaginamos palmeras, el cielo azul del Caribe y muchachas hermosas balanceando sus caderas al ritmo de la salsa. Bacardí significa alegría de vivir, o al menos eso sugiere su publicidad: "No vendemos alcohol; vendemos emociones", consideran los estrategas de mercadotecnia de la empresa.

Blanco o dorado, con o sin aroma, solo o en coctel con mucho hielo, oscuro y fuerte, o claro y ligero, Bacardí es la marca de ron más conocida en todo el mundo. También la más exitosa: durante las últimas décadas, con excepción de unos cuantos deslices, sus ganancias van a la alza con una regularidad intimidante. Los nuevos productos, con las más variadas tendencias de sabores, entre ellos el Bacardí Breezer, satisfacen a los ejecutivos y accionistas desde el comienzo de este siglo: "2001 fue el mejor año en toda la historia de la empresa", reiteró en noviembre de 2002 el entonces presidente de la misma, Rubén Rodríguez. "La industria de los licores demostró su capacidad para resistir aun en tiempos de estancamiento económico." ¡Esto es más que cierto, si atendemos a las cifras, que son de conocimiento público! Bacardí facturó 2.7 mil millones de dólares en su balance financiero de 2000/2001. Un año más tarde la cifra ascendió a 2.9 mil millones.

La ganancia neta representó en aquel entonces 444 millones de dólares. Desde hace años, la filial de Bacardí en Alemania se encuentra también rumbo al éxito. En el ejercicio 2002/2003, su ganancia aumentó 27.3%, para llegar a un total de 400.7 millones de euros. El año anterior había cerrado con ganancias de 314.8 millones de euros. Este vuelo inusitadamente alto en Alemania fue posible en parte gracias a la bebida de marca Rigo, una mezcla de soda, lima y ron blanco con un contenido de alcohol equivalente al de una cerveza. También se debe a la excelente campaña publicitaria que, tan sólo en la República Federal de Alemania, requirió más de 25 millones de euros. Los casi seiscientos accionistas —quienes, salvo unas cuantas excepciones, pertenecen a una familia dispersa en todo el mundo— han aprobado hasta la fecha, sin rechistar, las sumas monstruosas destinadas a cuidar la imagen de la empresa: el año pasado representaron 23% del presupuesto total. Cuatro veces al año, los dividendos se reparten. "Es una lluvia agradable y tibia", como la describió recientemente una heredera del legado Bacardí, quien no se dejó disuadir para proporcionar cifras exactas. Debido a que, hasta la fecha, la empresa no cotiza en la bolsa de valores, algunos detalles permanecen en la oscuridad en lo que respecta a pérdidas, ganancias, reservas, inversiones y dividendos.

Pero a los accionistas no sólo les satisfacen las ganancias. Sobre todo, los miembros más viejos de la familia están orgullosos de sus raíces cubanas. La firma Bacardí y Boutellier fue fundada en 1862 en Santiago de Cuba. El descubrimiento del ron suave y blanco, a cargo de Don Facundo Bacardí y Massó, se volvió mundialmente famoso antes de que acabara el siglo xix. Durante la primera mitad del siglo pasado, la empresa creció vertiginosamente, en gran medida por la ley seca. Con Fidel Castro y la revolución cubana vino el exilio temporal de Cuba. Los bienes de Bacardí fueron expropiados, de ahí que luego trasladaran la producción de ron a entornos caribeños más confiables. El éxito los siguió. Desde 1992, cuando Bacardí compró la empresa familiar italiana Martini & Rossi, la compañía sin patria pertenece a estos protagonistas de la globalización en su industria.

Aún hoy, 45 años después de su "destierro", la mayoría de los miembros de la familia confían en regresar a la isla: "Cuba: ¡eso somos!", aseveran sobre todo los Bacardí nacidos en tierras cubanas. Furiosos, han seguido durante las últimas décadas la política de Fidel Castro y no han hecho tan sólo intentos de torpedear el experimento socialista. En los años sesenta, algunos miembros de la familia pudieron haber apoyado e incluso participado en intentos de asesinato contra Castro. Sin embargo, desde los años ochenta, la rabia ciega se ha cambiado por una estrategia más fría. Los Bacardí ya no apuestan a la violencia, sino que hoy privilegian el cabildeo selectivo en Washington. "El ron y la política son inseparables en Estados Unidos, y Bacardí paga la cuenta", señala el periodista colombiano Hernando Calvo Ospina en su libro *Ron Bacardí. La guerra oculta*.

La amalgama de negocios y política no es nueva para la familia Bacardí. Ya en el postrero siglo XIX, el patriarca Emilio Bacardí y Massó luchó intensamente contra la potencia colonial española, al grado de que fue desterrado dos veces. Posteriormente, sería el primer alcalde electo democráticamente en la historia de Santiago de Cuba. Su gestión tuvo tanto éxito que incluso en la Cuba socialista se le recuerda como un patriota.

La historia de la familia Bacardí es un espejo de la historia de Cuba. Por ello, este libro no trata solamente de las personas que, con estrategias innovadoras y valentía frente a los riesgos, lograron convertir su pequeña empresa familiar en una empresa protagonista de la globalización. Tampoco trata sólo sobre las tensiones que siempre han surgido en esta familia diseminada por todo el mundo. Las siguientes páginas abordan también el entorno histórico y político donde creció el nombre Bacardí, así como la historia de la isla caribeña en el siglo y medio pasado.

"Nuestra historia familiar tiene algo de fábula", dijo hace poco un accionista nacido en Cuba. "Tenemos que cuidar una valiosa herencia. Espero que a todos en la familia esto les quede claro y que nadie se atreva a comprometer innecesariamente este legado."

Fue difícil encontrar una relación clara entre los intereses a veces excluyentes de los grupos específicos en este creciente clan. Al final, prevaleció el sentido común y la solución que ha pasado de una generación a otra para hacer frente a los tiempos de crisis: "Piensa en las raíces, piensa en Cuba". Así es como han regresado a la mesa de negociaciones una y otra vez.

En tiempos de globalización, parece que cada vez hay menos lugar para tales sentimentalismos. Éstos son irrelevantes desde el punto de vista económico y devalúan la cotización de las acciones. La sexta generación apuesta por la bolsa de valores como medio para conseguir el dinero necesario para seguir comprando. ¿Es la bolsa una garantía de que el éxito se mantendrá? "Más grande no necesariamente significa mejor", advierten los analistas económicos. Pero los "niños terribles" del clan Bacardí están decididos a dar el salto hacia un mar infestado de tiburones; es decir, a los mercados internacionales. En 2003, la transición a la bolsa parecía un hecho.

Quizá todo resulte tal como lo profetizó el ex presidente y arquitecto del consorcio mundial, Manuel Jorge Cutillas: "Si perdemos nuestra empresa, perdemos además nuestra herencia y aquello que nos identifica como familia". Pero quizás, al final, la historia de la dinastía Bacardí sea un cuento de hadas donde todos hayan vivido felices para siempre.

Hamburgo, febrero de 2005

PRIMERA PARTE

Los Bacardí en Cuba

Recopilación de pruebas: Santiago de Cuba

El gruñido de un cerdo me despierta de mis sueños truculentos. Todo ha salido mal desde mi llegada a Santiago de Cuba. Una maleta se extravió; luego, el conductor del taxi parecía estar perdido y me paseó durante casi una hora bajo el calor infernal de la ciudad. Por si fuera poco, la estancia privada que conseguí a través de unos amigos —supuestamente un cuarto hermoso con terraza— no había sido desocupado. El reemplazo provisional me recordó la habitación de un monje: una mesa, una silla, una cama estrecha y una imagen de la Virgen en la pared. El foco en el techo se escondía como avergonzado tras una pantalla hecha de manera rudimentaria con papel para embalar. Qué más da. Demasiado agotada como para hacer corajes, me dejé caer en el colchón y en seguida me quedé dormida...

El cerdo parecía estar muy cerca. Aparentemente, estaba eufórico, dado que sus gruñidos no paraban. Entonces alguien comenzó a tamborilear. Era un ruido sordo y lúgubre. El cerdo chilló un poco y luego no se le escuchó más. ¿Se trataba de un sacrificio ritual? Entre los roncos sonidos del tambor más grave se mezclaban ahora notas más agudas. Al final eran tres los tambores que una y otra vez, haciendo arabescos, se desenvolvían en ritmos diversos. Luego vino el canto de una voz evidentemente solista y, tras unas frases, respondió un coro. Ni pensar en irse a dormir.

Durante la cena me enteré de que, a unas casas de distancia, todos los viernes se entablaba el diálogo con Changó y Oggún, con Odudúa, Elegguá, Osaín y otras ánimas buenas y malas (los Orishas) pertenecientes a la santería, la religión de la población negra de Cuba. Para hablar con los Orishas, los miembros de la comunidad debían bailar a los ritmos de los tambores Batá tanto como fuera necesario para entrar a un estado parecido al trance. Sólo entonces, Babalao —el sacerdote que oficia la ceremonia— puede establecer contacto con los espíritus y así pedirles que se manifiesten en uno de los miembros de la comunidad. A mi pregunta de si el ritual incluía el sacrificio de cerdos, todos estallaron en carcajadas. No, no se sacrificaban cerdos ni seres humanos, pero el ron sí tenía un papel en el acto. En determinados rituales, el Babalao se llena la boca de ron y lo escupía sobre el altar. Esto también se permite hacerlo a los demás participantes para causar buena impresión a los dioses.

Al amparo de los tambores y el canto, la comida resultó sorprendentemente sabrosa a pesar de la permanente fila para el suministro de pescado y carne, así como la obligada certificación para los alimentos de la canasta básica: la llamada "libreta". Había Tufu —puré de plátano cocido con chicharrón de cerdo— y además pollo a la naranja. Por último, mi postre favorito: el flan. El cocinero fue Tío Carlos, la estrella de la familia. Tres veces a la semana, él ponía su talento al servicio de los anfitriones. Luego, la terraza de la casa de dos pisos se transformó en un Paladar, un restaurante de tres mesas y doce sillas como máximo, conforme a los límites para la empresa privada establecidos por el gobierno en diciembre de 2000. "Estamos muy contentos de que nuestro vecino críe cerdos", me confía Tío Carlos mientras sirve el Tufu. "Así casi siempre tenemos carne en nuestro refrigerador." "Y él un par de dólares en la bolsa", agrega Ada, la hostalera. Eso me parece increíble. ¿Cubanos que pagan a otros cubanos con dólares? "Sí", dice Ada. "Así son las cosas. Debes tener dólares en la bolsa para colmar tus deseos suplementarios. Por dólares, la gente aquí hace cualquier cosa. Casi cualquier cosa."

Esta frase sonó como música para mis oídos, pues me encontraba en Santiago para recabar material sobre la familia Bacardí; elaboraría con él un programa radiofónico. En la "perla del sureste" quería yo encontrar personas que supieran algo sobre la dinastía del ron, pues fue aquí donde se fundó la empresa en 1862 y también donde se dio su auge meteórico. Desde esta ciudad, la familia hizo crecer paso a paso su imperio del ron hasta que los revolucionarios alrededor de Fidel Castro también les expropiaron, ocasionando que la familia saliera de la isla de un día para otro.

Quizá —ésa era mi esperanza— encontraría personas que hubieran trabajado para la empresa Ron Bacardí, o también amigos de la familia. Recuerdos de la infancia, peleas de escolapios, anécdotas de todo tipo... Así me imaginaba yo las piezas del mosaico que sería mi programa radiofónico. Además, persistía firme el rumor de que aún había uno que otro Bacardí rebelde que mantenía su apoyo a la revolución de Castro. Quizá hasta podría localizar a uno de ellos.

Pero, ¿dónde debía comenzar la búsqueda en la segunda ciudad más grande de Cuba? ¿En el museo que Emilio Bacardí y Moreau, el hijo mayor del fundador de la firma, donó a la ciudad? ¿En la antigua fábrica donde hoy se produce al marca Caney? ¿En el Palacio de los Pioneros, una majestuosa villa en la que vivió una influyente rama de la familia? ¿En el Museo del Ron? ¿Quién me podría ayudar en esta búsqueda?

Mis anfitriones capitularon desde la primera noche. No sabían nada. ¿Acaso era precaución o auténtico desconocimiento? Debía atenerme a la casualidad, pues el consulado cubano en Berlín no respondió a mi solicitud y por ello viajé sin contar con la acreditación como periodista, de modo que todo contacto oficial me editaba vedado. Así, me puse a vagar un poco y sin rumbo fijo por la accidentada ciudad. Cada pendiente significaba una verdadera tortura en la bochornosa y caliente atmósfera, con su aire infestado y nublado por las emisiones contaminantes. El paisaje era dominado por motores ensordecedores, zigzagueantes motocicletas y autos que ululaban. ¿El sentimiento del Caribe? ¿Sensualidad desenfrenada? ¿Alegría exuberante por vivir? Nada de esto.

Desanimada, husmeé en tiendas de baratijas buscando novelas escritas por el primer presidente de la firma, Emilio Bacardí y Massó, quien se supone que sabía más de artes plásticas y literatura que de procesos de fermentación y rutas de destilación. Sudorosa, visité las casas donde nacieron poetas y revolucionarios, vi los impactos de bala en el Cuartel Moncada, símbolo del fallido alzamiento castrista del 26 de julio de 1953; degusté la venerada comida criolla en Doña Yulla, bebí una y otra vez un cafecito demasiado dulce en la famosa Cafetería Isabélica e hice dos fracasados intentos por entrar a la antigua fábrica de ron de los Bacardí. En la bodega de dicha fábrica, convertida hoy en un escenario con música en vivo y decorada con imágenes del Che Guevara, pude probar el ron local: el claro tresañejo y el añejo de color pardo. Las preguntas sobre los antiguos dueños, los Bacardí, aparentemente constituían un tabú. Nadie tenía nada que decir al respecto. Mi frustración crecía día con día.

Y ello se debía también a que, en mis primeras correrías por la ciudad, descubrí muy poco de la cadenciosa atmósfera afrocubana de la "perla del sureste". La arrebatadora alegría de vivir de la población predominantemente negra, alabada en las guías turísticas junto con la desinteresada disposición a ayudar y el carácter alegre de los lugareños, permanecía oculta a mis ojos.

Luego de dos noches en mi celda monacal me mudé a Vista Alegre, el suburbio en el que residían los Bacardí y otras familias ricas de la ciudad y de la región. Ahí, unos cuantos gallos cantantes dejaban ver que alguna vez el lugar fue habitado por seres humanos. En el vecino barrio Sueño, por lo menos, un par de hombres se sentaban a jugar dominó en la calle. En vez del colorido caribeño, por todas partes se apreciaban fachadas ennegrecidas por el salitre y con un enyesado endeble en las ventanas sobriamente decoradas del centro de la ciudad, muchas de ellas casas casi vacías. Cansada y apática, la gente esperaba en largas filas a que pasara el autobús o estaba a la expectativa de una oportunidad para conseguir quién pudiera ofrecerles transporte gratis. También paseaban en grupos frente a los negocios donde se ofrecía aquello largamente anhelado: telas, artículos electrodomésticos, cosméticos. No, no había coincidencia total entre la imagen de Santiago y sus encantadores habitantes —promocionada en folletos glamorosos— y la vida real que me tocaba vivir diariamente.

Exactamente una semana después, mi sutil enfado sufrió una transformación. Paulatinamente desarrollé mi propio ritual de disfrute. En él estaba incluido un muy tardío desayuno en el Hotel Casa Granda, cuya decoración había sido renovada y el cual era frecuentado con regularidad por los Bacardí antes de la Revolución. Frente a la terraza, en el patio elevado, se daba una vista hermosa del corazón de Santiago, el Parque Céspedes.

Desde el jardín en la azotea, el panorama era aún más bello hacia Santiago baja, la ciudad histórica que se extiende hasta el mar y la bahía completa. El Parque Céspedes no es propiamente un parque, sino una plaza con bancos y palmeras, un pabellón para músicos, faroles forjados en hierro y apacibles rincones entre arbustos recortados. Una plaza con historia. Aquí capitularon el 17 de julio de 1898 los españoles ante las tropas estadounidenses. Frente al ayuntamiento fue retirada la bandera de España, la cual fue reemplazada por la de Estados Unidos. La víspera, las tropas del general Toral sostuvieron y perdieron su última batalla sobre las colinas que anteceden a la ciudad. Leonhard Wood tomó posesión del ayuntamiento en calidad de gobernador general de la provincia Oriente. Se quedó allí dos años, antes de ser llamado a La Habana. Entre sus leales se encontraba, entre otros, Emilio Bacardí y Moreau, quien durante dos décadas había estado involucrado activamente en la lucha por la independencia de los cubanos. En ese mismo ayuntamiento fue que Fidel Castro celebró el triunfo de la Revolución, el 1 de enero de 1959. En el balcón de madera de la casona adornada con tendidos blancos y azules, él se declaró orgulloso y feliz de comunicar al pueblo el exitoso final de su larga lucha contra la dictadura del corrupto Fulgencio Batista.

Hay otro edificio que no puede dejar de mencionarse cuando se habla de historia en este lugar. En el lado oeste de la plaza, el conquistador Diego Velázquez se hizo construir en 1514 una casa en la cual vivió hasta su muerte. Hoy, la Casa Diego Velázquez, la edificación más antigua de tiempos de la Colonia, se ha convertido en un museo. La catedral que se encuentra al extremo sur de la plaza no es tan vieja. Fue terminada apenas en 1922, pero se erige en el mismo sitio histórico en el cual Velázquez hizo construir una iglesia en madera, en el año de 1516. La primera casa religiosa de importancia en la isla fue destruida por un incendio y otras construcciones sucesivas en el mismo lugar desaparecieron también por obra de incendios o terremotos. En el interior de la actual Catedral de Nuestra Señora de la Asunción, impresiona sólo el coro tallado que data de la segunda revolución industrial. Tampoco la fachada de la catedral ofrece extravagancias dignas de asombro. Sólo la figura del ángel, desproporcionadamente grande, situada entre las dos torres, es algo conmovedor. Una mirada rápida hacia arriba me basta para sacudirme los pequeños ataques de abatimiento y fatiga.

En el Parque Céspedes, la vida parece tener leyes distintas. Hay tiempo para besos y pequeños trueques. Los billetes cambian de dueño, se lee el periódico y se comen helados. Hermosas mulatas se pavonean ruidosamente, como si trataran de atraer la atención de quienes beben cerveza en la terraza del hotel. La música flota en el ambiente. Un joven negro interpreta una conga. Resuenan las maracas. Un vendedor ciego sacude pequeñas calabazas llenas de granos de maíz con ahínco, como si fuera una presentación de solista en el Buenavista Social Club. En el pabellón, algunos miembros de la Orquesta Típica Tradicional afinan sus instrumentos; con ritmos de son procuran levantar tres veces por semana —desde antes del mediodía— el ánimo de los visitantes y huéspedes del Casa Granda.

A unos pasos del parque, predomina el ánimo festivo desde la hora del almuerzo en la Casa de la Trova. Ahí, desde las once y media de la mañana se interpretan canciones "a la antigua usanza", sobre todo boleros apasionados. Y cuando el son corre por las piernas, también se baila. En otras palabras, siempre es tiempo de baile, pues, como dicen aquí, "la música cubana se entiende con los pies. Primero hay que bailarla y luego escucharla". Los hombres que pasan por aquí a la hora de la comida, con sus profundas arrugas y sus grandes manos callosas, no duran mucho tiempo sentados. Sus compañeras son las amas de casa con protuberancias alrededor de las costillas y pies de gran destreza; entre las compras y el almuerzo, mueven las piernas vertiginosamente. ¡Y cómo bailan estas parejas entradas en edad, cómo agotan a dúo los minutos, cómo cantan juntos y giran con pasos ligeros, mejilla con mejilla y cómo luego se sumen en las sillas y se abanican con pañuelos, riendo felices y relajados! Es una escena que cada día me hizo estar contenta.

Naturalmente, en ocasiones fue necesario permitir que alguno de esos ancianos ágiles me convirtiera en trompo, pero mi falta de habilidad para seguir el ritmo hacía difícil seguirles el paso. Entonces mis compañeros se compadecían de mí y a cambio aceptaban gustosos la invitación a tomar un ron en el bar. Pero aun después del segundo trago, las memorias sobre la firma Bacardí se mantenían en la niebla. Ninguno de los bailarines me pudo proporcionar material adecuado para mi acopio de información. Uno solo de ellos se manifestó de manera inequívoca: "Estos Bacardí deben haber tratado muy bien a sus empleados. Pero también explotaron al pueblo. Espero que nunca regresen. Ningún ron capitalista tiene el sabor del que producimos aquí en Cuba".

Así que mis conversaciones de mediodía no me llevaron lejos. Pero mi lista de contactos no estaba tan mal pasadas las tres semanas. Había localizado a dos historiadores que podrían hablar sobre Emilio Bacardí y Moreau, el primer presidente de la empresa. Además, había conversado con tres antiguos empleados de la Compañía Ron Bacardí y había conocido al director del Museo del Ron. Con gesto misterioso, me reveló la historia de cómo fue secuestrado uno de los vástagos Bacardí. Todos ellos aseguraban de manera convincente que ningún Bacardí auténtico quedaba en Santiago, como tampoco en La Habana ni en otro lugar de la isla.

Me conformé con una visita a los muertos, en el cementerio de Santa Ifigenia. Frente a la tumba de Don Emilio, me despedí de mi suposición, emitida precipitadamente, de que la historia de esta familia se escribiría por sí misma. A los jardineros del panteón, que se tomaban una agradable pausa en grupos de cuatro a la sombra de una enorme ceiba, les ofrecí un trago de la botella de Havana Club que había comprado en la tienda y que llevaba a todas partes por si era necesaria. Los trabajadores me miraron con desconfianza, pero me extendieron sus tazas de hojalata y sus pocillos de plástico. Entonces bebimos; nuestro testigo fue el mausoleo del poeta y luchador independentista José Martí, por la libertad y por todos los compañeros caídos en aras de la independencia.

—¿Es verdad que hay murciélagos?

Me respondieron con una ola de carcajadas:

—Y cómo, señora. Muchísimos. Usted puede quedarse hasta el atardecer y si nos da para un par de botellas de ron, regresamos para celebrar una fiesta de murciélagos.

—¿En la tumba de Emilio Bacardí, por ejemplo?

—¿Por qué no? Él no se opondrá. Después de todo, se hizo millonario con el ron.

Tenían razón. Pero en la vida de Don Emilio no todo giró alrededor del ron: el primogénito del fundador de la empresa tenía una mentalidad particularmente clara en temas de política y por ello luchó arriesgando su vida durante la guerra de independencia contra las tropas de la madre patria española. Luego, como primer alcalde electo libremente, construyó calles y escuelas en Santiago, además de instalar un nuevo sistema de drenaje y un museo en la ciudad. Emilio Bacardí y Moreau, según suponían los historiadores, fue una bendición para Santiago de Cuba. Pero, sobre todo y todos, hasta la fecha tiene más peso el nombre de su padre, Facundo Bacardí y Massó. Él descubrió la fórmula del ron blanco que hizo ricos y mundialmente famosos a los Bacardí.

1. "¡Nos vamos a Cuba!" Un catalán
comerciante de licores

En el Museo Bacardí en Miami cuelga un retrato del "viejo Facundo", Facundo Bacardí y Massó, fundador de la destilería Bacardí y Boutellier. El retrato está en todos lados: en las oficinas de sus descendientes, en textos publicitarios y en folletos informativos. Ostenta un rostro severo, así como una línea dolorosa que hace el contorno de su boca. Tiene los labios delgados, muy delgados, mientras que su nariz es recta y larga. Su frente es amplia. Un pliegue profundo marca la base de la nariz. Tiene cabellos lacios y peinados hacia atrás. Un hombre íntegro, piensa quien mira el retrato; un hombre de principios, acaso un intransigente. Alguien que no ha tenido una vida fácil, que siempre mantuvo su posición y nunca se permitió doblegarse. Así es como quisieran verlo en la familia, pues Don Facundo no modeló para este retrato. Fue elaborado dos generaciones después de su muerte por encargo de José Pepín Bosch, yerno de Amalia (hija de Facundo) y presidente de la empresa de 1951 a 1976.

En la familia se afirma que Don Facundo era un visionario. De manera obstinada se aferró a sus ideas y luchó incansablemente por su realización. Tenía fama de ser confiable, austero y callado: un auténtico catalán. Suele describirse a la gente de Barcelona como los suizos de España y no tiene fama de fanfarrona ni de extrovertida. Mucho menos la gente de la zona rural. De ahí provenía Don Facundo. Nació en 1814 en Sitges, a unos kilómetros de Barcelona. Fue el tercer hijo de un tendero cuya prole estuvo compuesta por ocho hijos que debían ser alimentados. Uno se puede imaginar cuán grande debía de ser el ansia de esos pequeños por lograr una vida mejor.

Los más grandes salieron al mundo. Las colonias, de las cuales algunos emigrantes volvían convertidos en personajes acaudalados, eran un foco de atracción pese a que el imperio español había comenzado su decadencia desde principios del siglo xix. Animada por las ideas de la revolución francesa, y por la caída de los Borbones en la madre patria española a manos de Napoleón, en 1808, la clase alta criolla de ultramar comenzó a sacudirse el yugo de los españoles. Bajo la guía de Simón Bolívar, comenzó en 1810 la lucha por la independencia, en el territorio que hoy ocupa Colombia. La gesta se extendió pronto a Perú, Bolivia, Venezuela y Ecuador. Tras el triunfo de las tropas de Bolívar, se proclamó en 1819 la República de la Gran Colombia. En México, las luchas llevaron al establecimiento de una monarquía independiente de España, en 1822. En cambio, en Cuba, a donde quería emigrar Facundo Bacardí y Massó, las cosas se mantuvieron en calma. El llamado a la independencia se pronunciaba, pero sólo a puertas cerradas. Por el momento.

"Hacerse América." Nos vamos a Cuba

Cuando Fernando VII abdicó del trono español tras la guerra de independencia contra Francia, en 1814, hizo todo lo posible por conservar a la pródiga Cuba en calidad de colonia. En 1818, permitió el comercio totalmente libre —que en ese momento ya estaba prohibido internacionalmente—, incluyendo la trata de esclavos. Sin duda, esto fue un regalo para la plutocracia criolla, que necesitaba urgentemente mano de obra para las plantaciones de azúcar. Los criollos supieron apreciar la dádiva. Con fuertes cantidades de dinero apoyaron los intentos de reconquista en el continente. El rey concedió a la isla el título de "la siempre fiel isla de Cuba" y, entre 1825 y 1837, ésta se convirtió en un bastión firme, además de colonia real del imperio español. En vez de independizarse paulatinamente, Cuba se involucró aún más en la debacle de los intereses españoles. Cuanto mejor le iba a la economía de la isla, mayores eran las cargas fiscales impuestas por la madre patria.

El auge de Cuba fue enorme, gracias a la creciente demanda de azúcar y las caóticas relaciones comerciales en Haití. Antes de la rebelión de esclavos en 1791, la isla vecina proveía de café y azúcar a la mitad del mundo. Hacia el comienzo del siglo XIX, la producción era prácticamente nula. Así, Cuba se convirtió en el principal productor de azúcar del mundo. En su historia de Cuba, Michael y Max Zeuske escriben:

> El dulce producto colonial se convirtió, por su valor de mercado y dada su demanda masiva, en algo mucho más importante: entre los consumidores era más apreciado que los productos de la manufactura, la industria y el comercio de Europa, aunque a éstos les pertenecía el futuro. La población vivía —en comparación con los estándares de vida de las regiones industrializadas de Europa o con los nuevos estados republicanos del continente— en condiciones relativamente buenas. No en balde, funcionarios españoles e incluso la clase criolla hablaban hacia 1825 con acentuado orgullo del auge económico de Cuba y comparaban la "paz y prosperidad" insulares con el "caos de libertad" en que vivían las antiguas colonias españolas en el continente.[1]

Para muchos pobres diablos en Europa y ciertamente para la depauperada población española, una opción lógica era emigrar hacia Cuba. Hasta principios del siglo XIX, sorprendentemente, eran pocos quienes se atrevían a dar el salto hacia la isla. De acuerdo con Alexander von Humboldt, en el año de 1819 fueron un total de 1702 "individuos", sobre todo españoles, franceses, irlandeses e ingleses.[2] Pero una década más tarde, los pobres se lanzaron en bandada a la "colonia más rica del globo" para buscar trabajo. Sobre todo, se trataba de campesinos y obreros a quienes de buena gana la corona española permitió emigrar, pues debían construir un contrapeso demográfico para impedir el "ennegrecimiento" de la población cubana, así como colonizar la casi desierta costa sur y el interior de la isla. "Hacerse América", rezaba la consigna.

Aparentemente, la plutocracia pensaba de modo similar. La mano de obra, los productores metalúrgicos vascos, los importadores textiles de Cataluña, las casas comerciales de Andalucía y Castilla, proveyeron al mercado cubano, que con su repentina bonanza incrementó también la necesidad de artículos procedentes de Europa por parte de los insulares. "Para algunos empresarios españoles, Cuba siguió siendo un mercado cautivo en el cual se podían lograr ganancias enormes", constatan los historiadores Michael y Max Zeuske en su voluminosa obra sobre la historia colonial de Cuba:

> El comercio de harina del Marqués de Manzanedo, los vinos andaluces de la familia Zulueta, los textiles de la familia Güell y las ganancias por concepto de transportación del Marqués de Comillas fueron elementos de un gigantesco negocio colonial que, con el correr de los años, propiciaron el surgimiento de una elite hispanocubana.[3]

Facundo Bacardí y Massó tenía dieciséis años de edad cuando emigró en 1830 hacia Cuba acompañado de sus hermanos Juan y Magín. Como todos los inmigrantes europeos, estos jóvenes catalanes querían trabajar duro, ganar mucho dinero y, de ser posible, retornar pronto a la patria. En Santiago de Cuba, Juan y Magín abren una mercería en donde venden artículos de uso cotidiano: carne salada, jabones, utensilios de hierro, papel, harina de trigo... El más joven, Facundo, ayuda en la tienda y en la bodega. Sin embargo, el negocio no marcha conforme a lo esperado y los dos hermanos más grandes regresan decepcionados y fracasados a Cataluña, en 1840. En cambio, Facundo se queda en Cuba y abre con recursos propios una tienda de vinos y licores. La familia afirma hoy que Facundo comerciaba solamente "cosas finas". Como sea, entonces no se le concedió el éxito en los negocios.

Esto no se debió a la localidad. Al contrario que La Habana, Santiago de Cuba no pertenecía a los lugares más activos del comercio mundial, pero contaba con excelentes conexiones hacia Venezuela, México y las islas vecinas de las Antillas. Además, Santiago exudaba todavía algo del brillo de los tiempos coloniales. Fundada en 1515 por el conquistador español Diego Velázquez de Cuellar, poco después se convirtió en el centro administrativo para la región sureste de la isla y, en 1522, sede del obispado. Esta distinción conllevaba la construcción de una espléndida catedral. El gobernador Velázquez vivió hasta su muerte, en 1524, en su bien enclavada villa, que aún hoy pertenece al patrimonio cultural de Cuba. Luego de este florecimiento temprano pasó mucho tiempo sin grandes acontecimientos. En los siglos XVII y XVIII, la clase alta hacía fortuna con la cría de ganado y el contrabando; y con el botín que los piratas traían a casa como producto de sus tropelías. En una ocasión en que los piratas de Santiago de Cuba consiguieron un éxito sobresaliente, el rey de España nombró a la ciudad "fiel y augusta", calificación que la ciudadanía ostentó con orgullo. Para el amor propio de los más acendrados santiagueros fue todo un regalo que, en 1803, su ciudad fuera declarada sede del arzobispado. El mismo año, luego de la venta de Louisiana a Estados Unidos, arribaron a Santiago fugitivos franceses, a quienes se unieron otros más luego de la derrota en la batalla de Waterloo, el 18 de junio de 1815. Con esto se consolidó la colonia francófila en la ciudad. También evolucionó el emocionante encanto multicultural de la misma, con 26 mil habitantes blancos. A ello contribuyeron también los cerca de 10 mil negros libres y los 7.5 mil esclavos con sus cultos y rituales provenientes de África.

Quizá fue esta mezcla de tradición española, magia negra y cultura francesa lo que convirtió a Santiago en el centro del movimiento revolucionario durante la segunda mitad del siglo XIX. Las bellas artes se cultivaban en todas sus formas; había un recinto para la ópera y dos teatros. Se establecieron círculos literarios y filosóficos y, políticamente, todo parecía posible, incluso la independencia de la madre patria española.

Pero Facundo Bacardí y Massó no era un hombre que se dejara electrizar por la política. A él le importaba sobre todo la supervivencia de su negocio y la fundación de una familia. El 5 de agosto de 1843, Don Facundo se casó con Amalia Lucía Victoria Moreau, de 21 años de edad. Los retratos de Amalia muestran un rostro suave, más amplio que fino, con ojos despiertos y cargados de expresión, así como una frente estrecha. Su negra cabellera está sujeta en un solo nudo. Amalia era de ascendencia francesa y su familia contaba con buenas relaciones. Sus antepasados pertenecían a la clase alta de la isla vecina, Santo Domingo. Quizá por ello le resultaba tan fácil ser generosa (a diferencia de su esposo, quien revisaba cada peso dos veces). Amalia era una mujer lista que seguía la vida profesional de su marido con interés. El cronista cubano de Bacardí, Nicolás Torres Hurtado, escribe que Facundo le debe a ella antes que a nadie que su negocio con licores haya sobrevivido los primeros años. Cuando un terremoto destruyó parte de Santiago en 1852, haciendo que la empresa sucumbiera totalmente, cuando ya se tambaleaba, ella le prestó 10 mil pesos que había heredado de su abuelo Benjamín Moreau. Hizo el préstamo, pero no dejó de expedir un pagaré que aún hoy sigue vigente.[4]

Amalia no era tan sólo una talentosa mujer de negocios, sino también una buena madre. Sus seis hijos vinieron al mundo como las flautas de un órgano: en 1884, Emilio; en 1864, Juan, que sólo llegó a los seis años; en 1848, Facundo Miguel; en 1851, María Magdalena, que también murió pronto; en 1854, José y, en 1861, Amalia Lucía.

El préstamo de Amalia fue una solución momentánea. Don Facundo sufrió penurias financieras y la familia se alimentaba más mal que bien. El comercio con vinos y licores no dejaba mucho. Únicamente los productores tenían utilidades.

"Bacardí y Boutellier." La producción de ron con la imagen del murciélago

Una herencia inesperada dio un giro a la vida de los Bacardí. El hada providencial se llamaba Clara Astié, la madrina del primogénito de Facundo, Emilio. Su matrimonio con el catalán Daniel Arabito y Parrellada no produjo hijos y, cuando ella murió en 1859, el joven Emilio heredó diez mil pesos. Otros diez mil pesos fueron para Amalia y los hijos restantes. No era mucho dinero, pero ahora Don Facundo poseía cierto capital. Cuando al principio de los años sesenta, en el siglo XIX, su amigo John Núñez quedó en bancarrota con su destilería, él aprovechó la oportunidad y compró las instalaciones. Fueron sus socios José León Boutellier, que también se había declarado en quiebra pero que había sacado de sus antiguas empresas el conocimiento necesario de la industria, y el hermano José, que puso a la orden tres mil pesos (más o menos tres mil dólares). El 2 de junio de 1862 ingresó al registro público de comercio la sociedad Bacardí y Boutellier. José Facundo y Massó era el accionista principal, José Boutellier en segundo lugar. Facundo jugó un papel secundario, pero era ambicioso. Su meta manifiesta era mejorar la calidad del ron de la isla. Quería fabricar un ron especial, una bebida para el paladar conocedor. Deseaba hacerlo más ligero y suave de sabor. Debería parecerse al brandy español y al coñac francés, que entonces se degustaban en altos círculos sociales.

Actualmente, algunos historiadores cubanos señalan con agrado que la piedra fundacional del consorcio mundial Bacardí contó con la colaboración monetaria, entre otros, de una mestiza santiaguera. En esta conclusión no hay saña, sino asombro por la actitud liberal de Don Facundo y su mujer. En la mitad del siglo XIX era notoriamente inusual que una mestiza sostuviera al hijo de un inmigrante blanco sobre la pila de bautizo. Las clases blanca, mestiza y negra vivían, por lo general, estrictamente separadas unas de otras. Los matrimonios mixtos no eran bien vistos por la Iglesia. La estrecha relación entre Clara Astié y el matrimonio Bacardí se explica por las raíces que compartían. Los antepasados de Astié provenían, como los abuelos de Doña Amalia, de Santo Domingo. Daniel Arabito, como Facundo Bacardí, había ido a la escuela en Sitges. Resulta interesante que el acta de bautizo de Emilio Bacardí y Moreau desapareciera. La página correspondiente fue arrancada del libro eclesiástico de la comunidad. Es muy posible que la madrina mestiza fuera el motivo para la hoja faltante en los registros de bautizo.

Don Facundo se aproximaba a sus cincuenta años de vida cuando su destilería comenzó a despuntar. Mientras en la calle

Matadero hacía sus experimentos iniciales para el mejoramiento de la calidad del ron, en la isla se producía una revolución pujante en la producción de azúcar. Ya en los años veinte y treinta, los ingenios de azúcar eran objeto de muchas innovaciones técnicas; entre otras, las máquinas de vapor.

Así es como describen Zeuske y Zeuske aquella época:

> Ahora se trataba de entrar a la lucha por competir con la industria del azúcar de remolacha en Europa y sobre todo por lograr el mejoramiento de la calidad del azúcar. De la investigación básica en el Instituto de Investigación Química, fundado en 1848, se esperaba obtener grandes avances en el "arte de hacer azúcar". También la Academia de las Ciencias Médicas, Físicas y Naturales, establecida en 1860, se dio a la tarea de contribuir al mejoramiento de la cosecha y la calidad de la producción azucarera (…) La era industrial, con su creencia en el avance a través de la modernización técnica, había llegado a Cuba. En los años sesenta del siglo XIX, los comerciantes adoptaron el papel de la "vanguardia técnica".[5]

A esta vanguardia pertenecía también Don Facundo Bacardí y Massó. En vista de los avances en la producción de azúcar, él se preguntó si también el ron —producto derivado de la caña de azúcar— podría llegar a ser de una calidad ostensiblemente mayor con nuevos métodos de producción. La caña de azúcar cubana era excelente, pero el ron apenas daba para el consumo a menor escala y, debido a su baja calidad, no participaba en los mercados internacionales. La demanda internacional se dirigía hacia Jamaica y Guyana.

Desde inicios del siglo XVII se bebía ron en esa isla del Caribe. Los colonos holandeses en Araba fueron los primeros a quienes se les ocurrió fermentar la melaza de la caña de azúcar con agua y levadura. En el proceso de destilación, que en aquel entonces tardaba varios días, el jarabe de azúcar se transformaba en alcohol de alto porcentaje. El procedimiento se consolidó pronto y en poco tiempo cada país productor de azúcar en Centro y Sudamérica contaba con su propia versión de la bebida. Fueron marineros ingleses quienes dieron a este fuerte aguardiente el nombre de ron. En la conquista de Jamaica, en 1665, habían conocido el *rumbouillon*, que desde sus primeros días pasó a formar parte del equipo esencial para levantar el ánimo de los navegantes en los barcos de la armada real. Los marineros recibían diariamente una pinta, o sea cerca de medio litro. Con el pesado brebaje en las venas, el valor de los soldados durante el combate llegaba a niveles de sangre fría, según había observado el almirante. Además, la dosis diaria de alcohol inmunizaba contra infecciones. Cuando en el año de 1740, debido a la escasez, al almirante Edward Vernon se le ocurrió reducir la ración a la mitad, rebajar la bebida con agua caliente o jugo de limón, o sazonarla con azúcar, estuvo a punto de enfrentarse a un motín. Pero los hombres se acostumbraron con rapidez a la agradable bebida, a la cual llamaban *grog* como variación de "Olg Grogram", apodo con que conocían al almirante.

La variedad de métodos e ingredientes para la destilación era grande. A veces se agregaba al alcohol hojas o corteza de árboles, o especias como vainilla o clavo. Los productores mantenían sus recetas bajo el secreto más hermético y la familia Bacardí no fue la excepción. La fórmula que desarrolló Don Facundo para el Ron Bacardí, se dice, ha pasado por unos cuantos miembros de la familia a lo largo de las generaciones.

La revolución del ron: el éxito con "Carta Blanca Superior"

Don Facundo se dio cuenta muy pronto de que la primera condición para una buena calidad del ron era la calidad misma de su materia prima. Como sucede con el vino, en el ron ejercen una influencia parecida el lugar de donde proviene, la tierra donde se cultiva, la composición del suelo y el clima. Algunos especialistas afirman que a partir del olor de la melaza es posible reconocer el humor del ron que con ella se producirá. Así, desde el principio, Don Facundo dio mucha importancia al agua que se utilizaría, así como a la levadura necesaria en el proceso de fermentación. La levadura que él mismo cultivó supuestamente forma parte de los ingredientes de la receta secreta de la familia. Una innovación fundamental residió en el proceso de destilación que Don Facundo desarrolló. El proceso requería mucho tiempo, pero los resultados hicieron que cada esfuerzo valiera la pena al producir una bebida más clara y suave.

Desde su aparición, el primer ron de la destilería Bacardí y Boutellier, el cual como hábiles comerciantes obsequiaban de muestra en calles y plazas, se convirtió en tema de conversación de la ciudad. El despegue vino, sin embargo, cuando Don Facundo se decidió por añejar su ron en barricas de roble; hizo fabricar barricas con la madera del roble blanco estadounidense que habían sido previamente ahumadas. De este modo, como la caña de azúcar, la calidad del agua, la levadura y la depuración, las barricas también tuvieron efecto en el sabor del ron, por su tamaño, el lugar de origen y el tiempo que permanecían en las bodegas. En un folleto de la filial de Bacardí en Alemania se dice:

> En el transcurso del proceso de maduración, la madera desprende elementos que enriquecen el sabor y el aroma del ron. Conforme al

tiempo de añejamiento, el ron desarrolla color y cambia su sabor. A través de la lenta reacción frente al aroma y al oxígeno en el aire, el ron se vuelve más suave y armónico y se hace cada vez más oscuro. Las barricas de roble blanco otorgan al ron originalmente blanco su color dorado o café profundo. Mientras más largo sea el contacto, más color adopta el ron. Para quitarle algo de esta coloración, es necesaria una depuración adicional.[6]

Con este ron, Don Facundo consiguió finalmente el reconocimiento en los altos círculos de la sociedad. Hasta ese entonces, la bebida tenía mala fama entre la clase alta; sólo los mensajeros o los menos privilegiados bebían el aguardiente fuerte y cargado de sedimentos. "Carta Blanca" de Bacardí y Boutellier tardó poco en establecerse como algo especial. El ron casi incoloro y su aroma suave eran materia para los paladares finos.

"Carta Blanca" no sólo tuvo éxito entre los círculos selectos, sino también entre quienes cuidaban su dinero. Los pobres otorgaron rápidamente su propia designación al producto Bacardí. "El ron con el murciélago", como lo conocían, era cada vez más solicitado en las calles y en los bares; lo cual fue, según cuenta la leyenda familiar, gracias a Doña Amalia. Fue ella quien tuvo la grandiosa idea de incorporar un murciélago al logotipo de la empresa. Se dice que la destilería comprada a John Núñez albergaba muchos murciélagos. Los animales nocturnos se habían asentado en los balcones, justo bajo el techo, y en la oscuridad arremetían contra los restos de melaza. Doña Amalia pidió a su esposo que no eliminara los murciélagos; interpretaba su presencia como una buena señal, pues tanto en el Caribe como en España se decía que eran portadores de buena fortuna. También habría sugerido pintar el murciélago en la etiqueta de las botellas como forma de hacerlas reconocibles a los analfabetas, que conformaban el setenta por ciento de la población de la ciudad.

Hasta nuestros días, el murciélago rodeado de un círculo dorado y con trasfondo rojo es el logotipo oficial de la firma. No sólo se le encuentra en la etiquetas de las botellas, sino también en los artículos publicitarios de toda especie, desde bolígrafos hasta encendedores o camisetas polo, toallas, zapatos tenis, o anillos conmemorativos con los que se recompensa a empleados sobresalientes, o decoración para las paredes de los edificios de la empresa. En el Edificio Bacardí en La Habana, continúa ahí la escultura de un murciélago, forjada en bronce.

Hay razones más banales para que hacia finales del siglo XIX los habitantes de Santiago no pidieran ron Bacardí, sino el "ron con el murciélago". Se decía que los Bacardí sacaban el ron que ofrecían en las calles de barricas de madera que originalmente portaban aceite de oliva. En esas barricas venía grabada la figura de un murciélago y por eso la población identificaba a esta figura con el ron de reciente aparición.

Peter Foster, biógrafo de la familia, no toma partido sobre cuál de las historias sobre la adopción del logotipo es la correcta. Lo único que importa, escribe él, es que "el murciélago comenzó su vuelo por todo el mundo en la pequeña destilería cerca de los muelles de Santiago y que al pasar de las décadas se convirtió en el más famoso de su especie en todo el mundo".[7]

Mucha fama y poco dinero. Sobrevivir en
tiempos de la Independencia

En los años sesenta del siglo XIX hubo pocas razones para el júbilo. Eran tiempos agitados en Cuba: desde 1868, un "ejército de liberación nacional" combatía por independizarse de España. Los líderes rebeldes provenían de la clase alta criolla; eran ganaderos y dueños de plantaciones y molinos de azúcar del oeste y el centro de Cuba. A principios de la década, la mayoría de ellos había considerado, en la logia francmasónica Gran Oriente de Cuba y de las Antillas, las posibilidades de cortar los lazos umbilicales con la madre patria. Por lo menos, parecía que las reformas económicas y una mayor autonomía política eran ya impostergables.

Un aspecto importante en este panorama fue el fin del comercio con esclavos, pues a los ojos de los francmasones, la esclavitud era absolutamente incompatible con la dignidad humana. Quien promocionara la "libertad, igualdad y fraternidad" no podía soslayar el dilema de la esclavitud, según la opinión de los opositores. "Sin duda alguna, la esclavitud es el mal más grande que aqueja a la humanidad", afirmó Alexander von Humboldt en 1826. Esta visión era compartida por otros europeos que conocían la dinámica social de Cuba. Pero el armisticio moral a menudo fue relativizado por los propios enemigos de la esclavitud. Según se decía, los negros eran irremplazables en las plantaciones como fuerza de trabajo. ¿Quién más, fuera de los africanos importados, se encargaría de plantar tabaco o cortar la caña bajo un sol calcinante? Humboldt consignaba:

> Hay plantaciones en las cuales mueren cada año entre 15 y 18 de cada cien esclavos. He escuchado escalofriantes debates sobre el tema de si no es más ventajoso para los dueños de las plantaciones abstenerse de forzar demasiado a los esclavos en el trabajo, y así reemplazarlos de modo menos usual; o bien, en pocos años sacar el mayor provecho de ellos y sustituirlos más a menudo con la nueva compra de bozales negros. Así es la ambición, en la cual los seres humanos utilizan a otros seres humanos como bestias de carga.[8]

Más de 75 mil esclavos fueron desplazados de África Occidental a Cuba entre 1762 —el año en que los británicos mantuvieron la ocupación de La Habana— y 1868, el inicio de la guerra de independencia. Bajo la presión británica, el comercio con esclavos fue prohibido en todo el mundo en 1817, pero de manera oculta los tratantes de esclavos continuaron su negocio con la importación de mano de obra barata. Tan sólo en el año de 1837 —veinte años después de la prohibición—, doce mil esclavos llegaron a La Habana y fueron enviados de inmediato, como si fueran material de carga, a las plantaciones. En éstas siempre faltaba la mano de obra, debido a la creciente demanda de azúcar. No por ello eran mejor tratados sino que aún regía el principio descrito por Humboldt: "considerados y tratados como bestias de carga".

Siempre hubo revueltas de esclavos en las grandes plantaciones; incluso una mayor en Matanzas, en 1844. Pero siempre los líderes terminaron colgados o fusilados. La liberación de los esclavos a manos de los esclavos mismos era una utopía.

Aquello que promovían los llamados reformistas de Cuba —ya fuera un mayor libre comercio o una representación apropiada en las Cortes de Madrid— terminaba por carecer de resonancia. En vez de impuestos indirectos más altos, se les autorizó un impuesto individual o "por cabeza". Todos los ingresos fluían íntegros a las cajas de la madre patria. En 1867, cuando una mala cosecha de azúcar hizo estragos en la economía cubana mientras que España se sacudía por una revolución, pareció llegar el momento apropiado de llamar a una rebelión abierta.

El rico hacendado Carlos Manuel de Céspedes y Castillo, un francmasón, tomó la iniciativa el 10 de octubre de 1868 en su plantación de caña La Demajagua. "A España no se le puede convencer, sólo se le puede vencer", afirmó en su famosa alocución conocida como el "Grito de Yara". En Yara, un pequeño lugar ubicado muy cerca, el cacique Hatuey fue quemado vivo por los conquistadores españoles tras una tenaz resistencia. Inspirado en el espíritu de la declaración de independencia de Estados Unidos, el manifiesto que fundamentaba la revuelta contra el poder colonial decía:

> Creemos que todos los hombres son iguales. Amamos la tolerancia, al orden y la justicia en todos los ámbitos. Cuidamos la vida y la propiedad de todos los ciudadanos pacíficos, aun cuando sean españoles avecindados en este país… Queremos constituirnos en una nación independiente, porque así lo exige la grandeza de nuestro destino y porque estamos seguros de que, bajo el cetro de España, nunca disfrutaremos del ejercicio libre de nuestros derechos.[9]

El primer día del alzamiento, Céspedes dejó en libertad a 53 esclavos. Otros latifundistas siguieron su ejemplo. En total fueron 147 los hombres que se lanzaron a la guerra de independencia, armados con 45 escopetas, cuatro fusiles, unas cuantas pistolas y muchos machetes. "¡Cuba libre!", rezaba la contagiosa proclama de los insurgentes. Criollos ricos, campesinos independientes y antiguos esclavos conformaron las fuerzas revolucionarias. Hacia finales de 1868 eran ya casi veinte mil los guerrilleros que deseaban pelear desde el oeste en dirección al centro de la isla.

Eufórico, el líder verbal y militar Céspedes declaró Bayazo, su ciudad, la sede del gobierno de la República de Cuba, proclamada por él mismo el 19 de octubre de 1868. Tres meses después se produjo un despertar abrupto. Mientras las tropas coloniales llegaban a las puertas de Bayamo, en enero de 1869, Céspedes ordenó a los habitantes que, antes de la fuga hacia "territorio liberado" quemaran sus casas. Lo hicieron entre lágrimas, pero al mismo tiempo dieron una muestra de su capacidad de martirio y su testarudez. El ejército rebelde, numéricamente inferior y pobremente armado, peleó fantásticamente. Las líneas ferroviarias se destruyeron y se bloquearon las vías comerciales. El enemigo perdió certidumbre en ataques sorpresivos y agotadores. "La libertad se conquista con el filo del machete, no se pide", fue la proclama del mulato Antonio Maceo, quien a causa de sus exitosas acciones militares pronto fue ascendido a general.

Pero todo el arte de guerra fue en vano. La superioridad de los soldados españoles era abrumadora: en total, más de cien mil españoles lucharon en el frente colonial entre 1868 y 1878. Luego de una guerra de diez años, el ejército de liberación nacional reconoció su derrota. El 10 de febrero de 1878, un acuerdo de paz fue firmado en Zanjón, de ahí que se le conozca como el Pacto de Zanjón.

Algunos informes de viajeros de aquella época mencionan la gran estupefacción en las ciudades, hombres derrotados y precios exorbitantes de los alimentos. "Luego de que se declaró el estado de sitio, en toda la isla dominaba una calma tensa. Los pueblos y las ciudades se transformaron en fortalezas. El vaivén colorido de la sociedad y la agitación cotidiana agonizaban. Los precios de los alimentos se incrementaron hasta niveles exorbitantes. Los ciudadanos quedaban satisfechos si se surtía de algún producto comestible los mercados… en las fábricas y talleres prevalecía un ánimo apagado, solamente aliviado por el atrevimiento de los voluntarios, a quienes les gustaba jugar a ser guerreros aficionados. La mayoría de los voluntarios eran bodegueros, almacenistas, pequeños empleados, funcionarios fiscales, obreros y meseros de cantinas, entre ellos muchos catalanes que se consideraban más españoles que los españoles mismos. Al ver amenazada su vida humilde, se enrolaban voluntariamente en las tropas coloniales y se dejaban convertir en la infantería de la clase alta, que a prudente distancia observaba los acontecimientos de la guerra.

A pesar de estos apremiantes sucesos políticos y de las condiciones negativas de la economía, la firma Bacardí y Boutellier sobrevivió. La fama del ron con el murciélago creció, pues desde hacía tiempo se corría la voz en toda la isla de que era de buena calidad. Las ganancias se mantuvieron bajo discreción pese a que en 1876 dicho ron obtuvo su primer reconocimiento internacional. El Carta Blanca superior del año 1873 ganó una medalla en la Expo Mundial de Filadelfia, Estados Unidos. Mucha fama y poco dinero. Ésa era la situación durante la guerra de independencia y los agitados años posteriores.

En 1874, los hermanos Facundo y José Bacardí rompieron la relación de negocios con su socio José León Boutellier. Luego, el hermano José dividió sus acciones entre los dos hijos mayores de Facundo. Desde entonces, la firma se inscribió en el registro comercial con el nombre de Bacardí y Cía, bajo la propiedad exclusiva de la familia Bacardí. En 1877, Don Facundo se retiró del negocio y lo dejó en manos de sus dos hijos, quienes trabajarían como directores con las mismas prerrogativas. La receta secreta del ron fue encomendada solamente al joven Facundo Miguel.

Cuando murió el patriarca Don Facundo Bacardí y Massó, el 9 de mayo de 1886, no dejó una herencia significativa. La empresa ya había sido reorganizada y, tanto la casa de la ciudad como la casa de campo fueron para su mujer. A continuación siguieron años plenos de acontecimientos. Amalia Lucía murió en 1896, exiliada en Jamaica. Para entonces, la casa de campo en Cuba se había incendiado, el hijo mayor se encontraba en una colonia penitenciaria y los otros dos hijos vivían en peligro permanente de arresto o fusilamiento. Cuba estaba de nuevo en medio de un levantamiento y esta vez los Bacardí tendrían un papel importante.

2. "¡Cuba libre!" La familia Bacardí en la guerra de independencia

Junto al retrato de Don Facundo, en el Museo Bacardí cuelgan los de sus hijos Emilio y Facundo Miguel. Francos y confiados en sí mismos, ambos miran al observador de manera amigable y sin dejo de arrogancia. Llama la atención el bigote bifurcado de Emilio, así como sus lentes sin armazón. El rostro de Facundo Miguel se define en su cuidada barba "de chivo".

Quizá los lentes de Emilio sean indicativo para comprender su habilidad e inclinaciones intelectuales. El padre no le confió a él la receta de la producción de ron, sino a su hermano Facundo Miguel, cuatro años menor. Puede ser que esta decisión tuviese que ver con el gran interés de Emilio en la política, por lo que a ojos del padre apareció como menos dotado para el comercio y la producción de ron. Desde sus quince años, el primogénito frecuentó círculos donde se promovía la independencia de Cuba respecto de España. La evaluación del padre se comprobó inteligente, pues de hecho Emilio pasó varios años en diferentes prisiones y Facundo Miguel debió llevar por sí mismo la responsabilidad del negocio familiar.

El "Grito de Yara": despertar político de los hermanos Bacardí y Moreau

Emilio tenía ocho años de edad cuando, en 1852, un intenso terremoto destruyó parte de la ciudad de Santiago y una epidemia de cólera arrasó con familias enteras. Su hermano Juan, dos años menor, también fue víctima de la plaga. Luego de estos terribles acontecimientos, la madre Amalia viajó a Cataluña con sus hijos, Emilio y Facundo Miguel. Es posible que ya estuviera embarazada, pues en 1854 nació en Barcelona su cuarto hijo: José. Bajo custodia de su padrino Daniel Costa, Emilio pasó tres años en tierras catalanas. Ya había aprendido a leer y escribir en una de las escuelas públicas de Santiago de Cuba, pero el padrino despertó su interés por el ideario europeo y un hambre de conocimiento que Emilia ya nunca dejaría. El joven era extraordinariamente curioso desde el punto de vista intelectual. Aprendía, en la medida que buscaba la cercanía con personas más experimentadas. Costa fue, en ese sentido, la primera fortuna de su vida.

A su regreso de Europa, recibió de su padre conocimientos elementales acerca de cómo dirigir la empresa. Sin embargo, los intereses de Emilio se habían diversificado de manera muy amplia. Mientras que el viejo Facundo se mantuvo alejado de la política a propósito, su primogénito buscó en Santiago la cercanía con hacendados y dueños de plantaciones, quienes eran políticamente activos y a quienes conoció en la logia francmasónica. Participó en encuentros con escritores, artistas plásticos y también estableció contacto con intelectuales del grupo "Librepensador Victor Hugo". En éste se discutían los ideales de la revolución francesa: cuestiones nacionales, derechos ciudadanos, el fin de la esclavitud y la liberación de Cuba del yugo colonial español. Estos debates provocaban una irresistible fascinación en el joven Emilio.

Luego del "Grito de Yara", en 1868, punto de partida de la guerra de diez años en busca de la independencia, llegó el momento en que Emilio Bacardí y Moreau debía desplegar banderas. Nunca, en los años que siguieron, se le vio con un arma en la mano. No obstante, en calidad de simpatizante se ocupó de dotar de armamento a los luchadores activos o, cuando menos, del dinero para comprarlo. En ciertos espacios de la pequeña fábrica paterna se almacenaron panfletos de propaganda y armamento.

Emilio también estuvo presente cuando, en diciembre de 1868, un grupo de jóvenes manifestantes intentó tomar la oficina del gobernador español de la Provincia Oriente. En esta acción, el representante de la odiada potencia colonial debía ser destituido simbólicamente y debía proclamarse la constitución ciudadana que implicaba algunos avances, pero que sólo era vigente en España. Como era de esperar, el intento fracasó, pero tanto el hijo del empresario como sus compañeros de lucha salieron bien librados.

A grandes rasgos, Santiago de Cuba permaneció prácticamente libre de enfrentamientos armados en los primeros años de la guerra. Los tiroteos, empero, ya pertenecían a la cotidianidad. En 1873, Facundo Miguel fue testigo ocular de una ejecución que jamás olvidaría. A bordo del carguero *Virginius*, que había echado ancla en el puerto de Santiago, se descubrieron algunos rebeldes. Fueron llevados a la ciudad y fusilados muy cerca de la destilería Bacardí. Las carretas con los cadáveres encima uno del otro, cuyas piernas rígidas se alzaban hacia el cielo, conformaban un cuadro que impactó y conmocionó a Facundo Miguel. Muchos años más tarde, en conmemoración de los ejecutados, nombró "Reserva 1873" a uno de sus rones.

Mientras más duraba la guerra de independencia, más brutal era la acción de una y otra parte. Del lado rebelde, el general Máximo Gómez seguía la "estrategia de la tierra incendiada": en su camino hacia el oeste quemó casi todas las plantaciones de caña de azúcar y café —en principio, para castigar a dueños de plantaciones que no habían manifestado sus posiciones políticas y así debilitar la economía del país; pero también para liberar a los esclavos allí cautivos, con la esperanza de que se integraran al ejército rebelde. Como las tropas españolas, las cuales estaban mejor organizadas, emplearon los mismos métodos, paulatinamente germinó un desastre económico. Cuba, cuya economía se basaba casi por entero en la zafra de caña de azúcar y el cultivo de tabaco, se encontraba cada vez más cerca del colapso.

En 1876, dos años antes del fin de la guerra, Emilio (que entretanto había cumplido 32 años de edad) contrajo nupcias con una santiaguera de ascendencia francesa llamada María Lay Berlucheau. Un año más tarde nació el primogénito, quien fue bautizado con el nombre de Emilio. En ese tiempo, los hermanos Bacardí cultivaron una amistad especial con el general del ejército de liberación Antonio Maceo. Cuando los rebeldes firmaron un armisticio con la potencia colonial, en 1878, Maceo se negó a deponer sus armas. En una nota conocida como "Protesta de Baraguá", en la que se hacía referencia a la historia de Cuba —tan rica en mitos—, él se pronunció contra el Pacto de Zanjón. Desde su punto de vista, la independencia política de Cuba era todavía un sueño: la isla fue declarada "provincia de ultramar" mediante un decreto real del 15 de julio de 1878 y debía estar representada en las cortes de Madrid. Pero todo el poder recaía en el capitán general, quien al mismo tiempo era el máximo gobernador civil. Sobre todo, el mulato Maceo renegó del pacto porque no cumplía la demanda principal de los rebeldes: la abolición de la esclavitud.

Tras la derrota de los rebeldes, vino una calma sepulcral; el tema de la independencia no se discutía en público. En el clima de restauración que reinó luego del armisticio, era cada vez más peligroso declararse a favor de la independencia. Esto no contuvo a los hermanos para seguir activos en la política. Se adhirieron a la protesta de Maceo, apoyándola con dinero y armas, a través de intermediarios, mientras las tropas rebeldes seguían luchando en las montañas de Oriente. Como antes, siguieron asistiendo a los encuentros de clubes políticos y asociaciones que contaban con miembros —blancos y negros— de la clase media con el fin de preparar la independencia. Uno de estos "encuentros de club" fue denunciado en agosto de 1879 y ambos fueron detenidos. Mientras que "su alteza" Facundo Miguel salió libre en el acto, Emilio fue recluido en el fuerte El Morro y, poco después, deportado junto con sus compañeros de lucha hacia el enclave español de Ceuta, ubicado en el Norte de África. Ahí permaneció hasta 1883.

A su regreso, Emilio se encontró con una fábrica totalmente nueva. Un incendio ocurrido en 1880 había consumido casi por completo las antiguas instalaciones, pero por suerte se conservó la planta de destilación. No hubo indemnización, pues los Bacardí no habían contratado seguro contra incendios. Con créditos y con ayuda del hermano José, Facundo Miguel comenzó casi todo de nuevo, con una obsesión parecida a la del padre por producir buen ron. Emilio, el hijo pródigo, disfrutó en principio de la vida familiar que tanto había extrañado. Cuatro niños de entre tres y seis años de edad estaban felices de contar finalmente con un padre. En el año que siguió al retorno, nació un quinto hijo. Luego de Emilito, los gemelos José y Facundo y la hija María, Carmen vino al mundo. María Berlucheau resultó embarazada una vez más. Pero después del nacimiento de su hijo Daniel ella murió y el pequeño no vivió mucho tiempo. En 1887, Emilio Bacardí no llegaba a los cincuenta años de edad. Entonces, el viudo y padre de cinco hijos se casó con Elvira Cape, una mulata inteligente, práctica y armada de coraje. Con ella, el hermético fabricante de ron pudo compartir sus muchos intereses, entre ellos su compromiso político. En los años subsecuentes nacieron cuatro hijas: Marina, Lucía, Adelaida y Amalia. La más joven jugaría en las próximas décadas un papel decisivo en la lucha por la herencia familiar.

El remolino político del libertador José Martí

Naturalmente, nada cambió en cuanto a las convicciones de Emilio durante su exilio español. Por el contrario, ahora estaba listo para la pugna por la liberación de Cuba del yugo español. Ingresó al Partido Autonomista, que existía desde 1868, con el fin de preparar las vías para la conversión de la colonia en una república.

Las filas de los autonomistas estaban formadas sobre todo por miembros de la modesta clase media-alta. Los historiadores Zeuske escriben:

> La base social de los autonomistas eran los hacendados, ganaderos y trabajadores independientes. Promovían derechos iguales para los cubanos conforme a la Constitución de 1876, autonomía de la isla, separación de los poderes civil y militar, reformas al sistema electoral, y el fin de la esclavitud. La meta era el dominio de los cubanos sobre las instituciones locales, así como su autodeterminación.[10]

Mientras se acumulaban críticas moderadas al dominio español entre los autonomistas, en el extranjero se organizaban grupos radicales separatistas e independentistas (con excepción de unos cuantos conspiradores que permanecían en la isla). Al principio se juntaban en secreto, en clubes o comités revolucionarios. Finalmente, en abril de 1892 se fundó en Nueva York el Partido Revolucionario Cubano. La asamblea eligió como presidente a José Martí, abogado, escritor y periodista conocido por sus análisis críticos y sus valientes denuncias. "No nos han quitado la espada de las manos, la hemos dejado caer nosotros mismos." Así comentó él mismo en el armisticio de Zanjón, echando sal a la herida de los patriotas. Catorce años más tarde, los radicales estaban convencidos de que nadie sino José Martí sería capaz de impulsar la independencia.

No sólo el origen vinculaba a Emilio Bacardí con el reformador social nacido en 1853 en La Habana —también Martí creció en circunstancias humildes—; sobre todo, la convicción patriótica y el concepto idealista de la humanidad convirtió a ambos en hermanos espirituales. La admiración por el novelista francés Victor Hugo también tuvo algo que ver. Con mucho entusiasmo, Martí había traducido la obra de Hugo al español. Además, el joven Bacardí y Martí compartían el anticlericalismo y después compartirían posiciones de antagonismo frente a Estados Unidos. Ambos habían profundizado en las visiones políticas y económicas de Karl Marx y habían sido enviados al exilio en España.

Martí, con apenas diecisiete años de edad, fue deportado a Cádiz en enero de 1871. En España pudo moverse a su voluntad e incluso publicar panfletos combativos contra el poder colonial español. Entre ellos se cuentan textos tan provocativos como "El presidio político en Cuba". Sus ataques políticos no tuvieron eco. En la universidad de Zaragoza, Martí estudió derecho, filosofía e idiomas. Luego de su graduación, en otoño de 1874, emigró a México, donde se casó con una cubana. Cuatro años más tarde viajó con identidad falsa a Cuba para integrarse al movimiento independentista. "Como vicepresidente de los clubes revolucionarios de La Habana ayudó a tejer la red conspirativa de los patriotas." Así describe Frank Niess las actividades de Martí en la isla: "Como poeta pronunció discursos incendiarios que cerraban con el grito al unísono de 'Cuba libre' ante los ojos y oídos de los representantes de la colonia".[11]

Si bien los españoles habían concedido a los cubanos libertad de manifestación en el Pacto de Zanjón, no soportaron mucho tiempo las contestatarias arengas de Martí. En septiembre de

1879, el revolucionario fue deportado por segunda ocasión a España; esto es un mes después de que Santiago y Emilio fueron hechos presos. Mientras para Emilio Bacardí los cuatro años del exilio español transcurrieron sin mayores acontecimientos, Martí aprovechó la oportunidad para establecer contactos políticos. La deportación no fue tomada muy en serio por los españoles mismos y Martí consiguió viajar a Francia, donde conoció a su admirado Victor Hugo. De ahí pudo viajar a Nueva York, donde fue nombrado presidente del Comité Revolucionario Cubano. Ni siquiera llegaba a los treinta años de edad y José Martí ya era la cabeza visible del movimiento cubano por la independencia.

En Estados Unidos, José Martí se convirtió en un flamígero crítico del *american way of life*. Le molestaba, sobre todo, la hegemonía del capital, que según su opinión degradaba las relaciones interpersonales hasta transformarlas en peleas de verdad. Fustigaba la inconsciente ambición de ganancias por parte de los empresarios y el rudo proteccionismo de la política comercial estadounidense hacia el exterior, debido a que no dejaba lugar para el desarrollo de las demás naciones. Para él, Estados Unidos era "el depredador del norte". No se cansó de advertir acerca de la capacidad de ese "monstruo" para devorar y confirmó sus ideas cuando el gobierno de Estados Unidos manifestó su intención de comprar Cuba a los españoles.

"El pueblo que compra, ordena. Y el pueblo que vende, debe obedecer al otro", advirtió a todos los compañeros de lucha que esperaban una salvación a manos de los estadounidenses. Martí tuvo en claro el peligro de este nuevo colonialismo que amenazaba luego de la independencia respecto de la antigua potencia colonial que era España. Emilio Bacardí compartía por completo esta opinión.

Martí nadaba en una ola de seguidores. En especial, los trabajadores de las tabacaleras en Florida lo festejaban con júbilo. Los latifundistas emigrantes, en cambio, reaccionaban con mayor discreción. La idea de una "sociedad igualitaria" a la cual frecuentemente recurría Martí, no les parecía demasiado simpática. Pero incluso ellos eligieron al carismático poeta como líder civil del Partido Revolucionario y apoyaron su promoción de una nueva guerra.

No solamente en los estados de la unión americana, sino también en República Dominicana, Haití, Jamaica, Costa Rica, Panamá y México, Martí coordinaba los planes de la rebelión. El 31 de enero de 1895 salió de Nueva York para encontrarse en República Dominicana con el viejo líder rebelde Máximo Gómez. Juntos elaboraron un manifiesto dirigido al pueblo cubano, en el cual compartían los motivos de su próximo alzamiento. El 11 de abril de 1895, Martí desembarcó en La Playita, en la Provincia Oriente de Cuba. El 19 de mayo falleció en una batalla contra tropas españolas y una semana más tarde fue sepultado en el cementerio de Santiago de Cuba. La historia cubana tenía, pues, un nuevo héroe.

Es difícil imaginar que los hermanos Bacardí no acompañaran a su hermano espiritual a su última morada, pues siempre se mantuvieron cerca del Partido Revolucionario. La familia cuenta hoy que Emilio fue tesorero del Partido en Oriente. El primogénito de Emilio, Emilito, participó en las nuevas batallas desde el primer día. Primero sirvió como teniente en el ejército de liberación y ganó condecoraciones por su bravura. Luego fue ayudante personal del general y amigo de la familia Antonio Maceo, quien comandó un ejército también en esta segunda lucha independentista.

El ron de reyes

El inicio de la nueva guerra, y la ayuda de los estadounidenses que traería consigo la independencia de España, marcó también un paréntesis en la historia de la empresa Bacardí. Un nuevo dueño fue admitido en la firma: Enrique Schueg Chassin, esposo de Amalia Bacardí. La única hermana de Emilio, Facundo Miguel y José, se había casado en 1893 con el joven acaudalado que había regresado a Cuba procedente de Europa. Un año más tarde se firmó el contrato de la nueva sociedad.

Enrique Schueg trajo consigo una considerable inyección de capital para la empresa. Nacido en Cuba, había crecido en Francia y retornado solo a la isla en 1883. Ahí vendió la plantación deteriorada de la familia e intentado toda suerte de ideas comerciales con el fin de incrementar ese capital. Schueg Chassin era un hombre de negocios talentoso y su ingreso hizo bien a la empresa, pues Emilio se interesaba cada vez más por la política y cada vez menos por el negocio.

Hacia finales del siglo XIX, la firma gozaba ya de un buen prestigio internacional. En las exposiciones mundiales de Barcelona, Madrid y París, se llevó a casa medallas de oro. Desde 1888, los Bacardí pudieron ostentarse como "Proveedores de la Casa Real Española", dudoso honor para un patriota cubano, pero una excelente publicidad para el negocio. En 1892 se recibió una carta oficial de agradecimiento por parte de la Casa Real Española: el pequeño Rey Alfonso XII, en cuya representación gobernaba su madre Cristina, yacía víctima de una severa gripe. Los médicos reales ordenaron dar ron al enfermo; naturalmente del mejor y ése era el multipremiado Bacardí. No se conoce cuán grande fue la dosis que bebió el pequeño rey. Pero poco después de probar el ron, se sumió en un sueño profundo y al día siguiente la gripe que lo atormentaba había desaparecido. No hubo más obstáculos para la recuperación. La Casa Real agradeció por escrito por un producto "que ha salvado la vida de Su Majestad". En lo sucesivo, rezaba la ordenanza real, la Casa debía ordenar exclusivamente ron de la marca Bacardí.

En 1892, el halago fue como anillo al dedo desde el punto de vista de los negocios. "Bacardí: Rey del ron, ron de reyes", fue la formulación que poco después servía a propósitos publicitarios. Armados con este lema insuperable, la colección de medallas y el capital de Enrique Schueg, en 1894 los Bacardí podían contemplar el futuro con ojos más que optimistas.

La guerra hispanoamericana (1898). Estados Unidos y la ocupación de Cuba

Durante tres años —de 1895 a 1898—, el ejército de liberación intentó, bajo el liderazgo de los generales Antonio Maceo y Máximo Gómez, vencer a las tropas españolas. No les fue posible, pues la potencia colonial había enviado a cerca de cincuenta mil soldados bien entrenados a Cuba. Ellos debían defender "hasta el último hombre y hasta el último peso" los intereses de la corona española. Gómez logró debilitar a los españoles a través de una táctica guerrillera de desgaste, pero las negociaciones para la independencia fracasaron.

En esta fase crítica de la guerra, Emilio Bacardí fue deportado una vez más a África, en 1896. También la familia había salido de la isla, huyendo hacia Jamaica. Sólo su hermano Facundo Miguel permaneció en Santiago para cuidar el ingenio y continuar la producción. La situación entre españoles y cubanos se había complicado hacia finales de 1897. Los alzados tenían, por supuesto, la idea de que las fuerzas coloniales paulatinamente habían perdido terreno. En este momento, y de manera totalmente sorpresiva, Estados Unidos entró en escena. A principios de 1898 movilizaron sus tropas y en julio la *splendid little war* había sido ganada.

Desde hacía mucho tiempo, una meta definida de Estados Unidos era la de conseguir que Cuba estuviera bajo su control. A principios del siglo XIX, los estadounidenses ya lanzaban miradas concupiscentes hacia Cuba. La isla era conocida como "la llave del Caribe": quien conquistara La Habana, podría controlar sin esfuerzos todo el Golfo de México. De manera sarcástica y sin dar lugar a confusiones, el presidente estadounidense John Quincy Adams definió la relación entre Cuba, España y Estados Unidos con las siguientes palabras: "Hay leyes de gravedad física, como también de gravedad política. Y así como una manzana desprendida del árbol durante la tormenta no tiene más opción que caer al suelo, así Cuba, una vez liberada por la fuerza de su relación *contra natura* respecto de España, incapaz de cuidarse por sí misma, sólo podrá seguir la gravedad hacia la unión americana. Es la fuerza de la ley natural que Cuba no puede sacudirse de su seno."[12]

En Estados Unidos se veía a Cuba como "un apéndice natural de Norteamérica" y el mismo John Quincy Adams lo constató durante su gestión como Ministro del Exterior: "La anexión de Cuba a nuestra república federativa será inevitable". En los años subsecuentes, Estados Unidos lo intentó todo para allegarse de manera pacífica la propiedad de la isla. Pero los españoles rechazaron todas las ofertas de compra.

Los estadounidenses también buscaron entrar por la puerta trasera de la economía. Con capital estadounidense, el agro cubano entró en un proceso de mecanización en la segunda parte del siglo XIX, y de este modo se modernizaron los molinos de azúcar. Los industriales del norte invirtieron en plantaciones de tabaco y electricidad, compraron enormes extensiones de tierra y explotaron las minas. Empresas como la United Fruit Company descubrieron los "tesoros" de esta estrategia y comenzaron con el mercadeo correspondiente. Con el argumento de que debía protegerse tanto la propiedad como los intereses estadounidenses, la unión americana entró finalmente en la guerra. El ansia de los cubanos por la independencia era para ellos un interés colateral.

    Luego de que el buque de guerra Maine explotara en febrero de 1898 y se hundiera por razones no esclarecidas en el muelle de La Habana, Estados Unidos tenía una razón para declarar la guerra a España. En los periódicos de Nueva York se desató una ola de propaganda que alzaba la proclama: "Recuerden el Maine, al diablo con España". Los estadounidenses movilizaron sus flotas, que se enfrentaron y vencieron a las españolas el 2 de junio de 1898, en las costas de Santiago. El 22 de junio de 1898, seis mil soldados bajo el mando del general William Rufus Shafter desembarcaron en el este de Cuba; entre ellos se encontraba el regimiento de voluntarios conocidos como *rough riders*, comandados por el futuro presidente Theodore Roosevelt. Se produjeron batallas terrestres en El Caney y en las colinas de San Juan, cercanas directamente a Santiago de Cuba. Las contiendas se resolvieron rápidamente, al desertar regimientos completos del lado español. Para finales de 1898, las tropas estadounidenses ocupaban las ciudades más importantes de Cuba.

    Algunas tropas del ejército de liberación ofrecieron apoyo al ejército estadounidense en su desembarco. Fue un gesto por el cual los independentistas se arrepintieron semanas más tarde, pues muy pronto quedó claro que los estadounidenses no tenían el mínimo interés en liberar a los cubanos del yugo colonial. Les importaba única y exclusivamente asegurar sus intereses estratégicos y económicos en Cuba.

    El 10 de diciembre de 1898, España y Estados Unidos firmaron en París un acuerdo de paz. En él, los españoles aceptaron transferir el dominio sobre la isla a cambio de veinte millones de dólares. No se consultó a los cubanos sobre este ominoso trato; en la firma del acuerdo fungieron como meras comparsas. Se rechazaba toda forma de cooperación con los antiguos representantes de la "república en armas". Y no sólo eso: la administración militar estadounidense expresaba abiertamente su deseo de declarar disuelto el ejército de liberación nacional, así como el Partido Revolucionario Cubano, fundado en 1892. La élite política y militar de la lucha independentista fue derrocada. Por parte del ejército de liberación nacional, sólo fue reconocido el general Máximo Gómez; por lo demás, las tropas de ocupación colocaron a civiles provenientes de los "mejores círculos sociales" en las funciones directivas. A estos "ayudantes de la reconstrucción" se incorporó Emilio Bacardí y Moreau, en Santiago de Cuba.

La condición de Santiago era desastrosa. La población de la ciudad se duplicó por la presencia de cincuenta mil desplazados. La hambruna convirtió la vida en un tormento. El suministro de agua se colapsó. Las calles rebosaban de basura, la varicela y la fiebre amarilla arrebataban muchas vidas. A ello se añadió la decepción de los rebeldes por el final frustrante de la guerra. A pesar de la victoria moral, la revolución había perdido. Estados Unidos era el amo de la isla. El poder había pasado directamente del capitán general de España a manos de generales estadounidenses.

En Santiago, Leonhard Wood fue el encargado de restablecer el orden. Esto significaba, ante todo, preparar a la población para vivir en una república de modelo anglosajón. Con campañas de higiene e instrucción —se construyeron escuelas y se promovieron las sectas protestantes—, los cubanos debían salir de su frustración y letargo, males que supuestamente azotaban por su origen a los latinos. Sin contar con la ayuda de ciudadanos apoyados por la población, eso no prosperaría. Así, Wood accedió a la solicitud de las clases altas y delegó la alcaldía a un personaje local: Emilio Bacardí y Moreau. El propio Wood consideraba que el fabricante de ron tenía la capacidad suficiente, pero también contaba con que habría resistencia en Estados Unidos: "No sé lo que pensarán mis amigos puritanos en Massachusetts cuando oigan que he nombrado al señor Bacardí alcalde de Santiago", escribió en una carta dirigida a su esposa.[13] Pero él sabía que, por su patriotismo inquebrantable, Bacardí contaba no solamente con el apoyo de las clases altas, sino con el de la población en general. Sus suposiciones resultaron ciertas. Wood tenía mala fama como un colonialista de línea dura y Emilio no compartía estas ideas políticas en lo absoluto. Sin embargo, respetaba en el ilustrado doctor la energía y el estilo desprovisto de refinamiento. Se empedraron las calles, se remozó el drenaje, se instaló un sistema telegráfico, se construyeron escuelas, se estableció la educación para señoritas, se limpió la ciudad y se reordenó la administración pública. Con la prohibición a las corridas de toros y los juegos de azar, el ímpetu de Wood por importar el *american way of life* a Cuba rebasó con mucho su meta original.

Hasta abril de 1899 prevaleció el consenso sobre una dependencia neocolonial. Entonces, un gobierno militar estadounidense tomó oficialmente el control. Wood dejó Santiago y ascendió a gobernador general de la isla. Estados Unidos se habían acercado a su meta de allegarse Cuba, pero el alto endeudamiento externo —cuatrocientos millones de dólares en total— impedía una anexión completa. "Con esta guerra, Estados Unidos se consolidó como la gran potencia que en lo sucesivo controlaría a su patio trasero de América Latina, así como a una semicolonia; además, los utilizaría económicamente y los orientaría hacia la preservación del *american way of life*, escribe Frank Niess. "José Martí tenía razón al advertir sobre la 'anexión de los pueblos de nuestra América a manos del norte brutal y desplazado hacia la revuelta'. Los cubanos huyeron del trueno y cayeron en el relámpago. Al final del dominio colonial español se encontraron de nuevo bajo el 'ala del águila'."[14]

Libertad controlada

Apenas había pronunciado Estados Unidos su "ocupación provisional" cuando, en mayo de 1902, lanzó a Cuba a la independencia. Al mismo tiempo, se abrogó el derecho, mediante un agregado constitucional, de intervenir en la política cubana bajo determinadas condiciones. En la Enmienda Platt, bautizada así por el senador republicano Orville H. Platt, se decía entre otras cosas:

> El gobierno cubano se declara dispuesto a conceder a Estados Unidos el derecho de intervención en los casos siguientes: para preservar la independencia de Cuba, para el sostenimiento de un gobierno que esté en condiciones de cuidar la vida, la propiedad y la libertad individual, y para hacer efectivos los compromisos que Estados Unidos adquirió en el Tratado de París y que ahora deben ser cumplidos por el gobierno cubano.[15]

Entre otras cosas, este artículo condujo al pacto mediante el cual, en 1903, se estableció la Base Militar de Guantánamo, que Estados Unidos conserva hasta nuestros días y que utiliza como campo de detención. Los cubanos se indignaron ante esta mutilación a su soberanía, pero Estados Unidos contestó con la amenaza de restablecer el régimen militar si no era aceptado este punto. El 28 de mayo de 1901, el Parlamento decidió incorporar la Enmienda Platt a la constitución cubana.

Puede que Emilio Bacardí y Moreau haya previsto todos estos acontecimientos cuando renunció como alcalde de Santiago en julio de 1899. Era su forma de protestar individualmente contra el sometimiento de los cubanos. Ésa no era la independencia por la cual había luchado. No era lo suyo dedicarse a seguir las órdenes del gobierno militar estadounidense, ni promover la "americanización" de la vida cotidiana. Su posición íntegra tuvo su recompensa. Cuando las tropas estadounidenses se retiraron y fue posible realizar elecciones libres en todo el país, él regresó como alcalde de Santiago. Con abrumadora mayoría, la población se decidió por él como la más alta autoridad de la ciudad. El empresario del ron retomó su trabajo donde lo había dejado en 1898.

> Primero que nada, y para asombro de todos, se rebajó el sueldo a la mitad. Hizo construir nuevos edificios públicos y bibliotecas; ordenó plantar y ornamentar la plaza; prohibió la prostitución; se aseguró de que todas las creencias religiosas fueran toleradas; empleó por primera vez a mujeres como funcionarias públicas; tomando en cuenta la construcción del Canal de Panamá, decidió ampliar los muelles y, en 1905, se instaló iluminación eléctrica en la plaza central de Santiago.[16]

Resultó Notable su decisión de imponer cargas fiscales a la propiedad, dado que esto le afectaba a él mismo como uno de los empresarios más acaudalados de la ciudad. Con una parte de esos ingresos se construyeron las cocinas públicas establecidas por él. Pero no consiguió ser exitoso en todos los frentes. Les negó el acceso a buenos puestos a sus compañeros de lucha, pues deseaba eliminar el nepotismo. Sin embargo, no pudo evitar que, poco después del inicio de su administración, la corrupción y la compra de votos se colaran en todas sus formas. En marzo de 1906 renunció a su puesto como alcalde para convertirse en senador en La Habana. Sería un episodio fugaz en la política nacional. A tres meses de iniciado el segundo mandato del presidente Tomás Estrada, protegido por los Estados Unidos, la situación de la política interna se volvió dramática. El mandatario se vio obligado a pedir ayuda a la Unión americana y, de este modo, la Enmienda Platt se convirtió en una realidad.

El boom Bacardí con "Cuba libre". Inician los años dorados del coctel

En septiembre de 1906, Emilio Bacardí y Moreau regresó a Santiago. Decepcionado por el desarrollo de los acontecimientos, renunció a toda actividad política. Ahora podía dedicarse por completo al negocio y dar rienda suelta a sus inclinaciones literarias.

Cuando Emilio regresó a la vida empresarial, los negocios marchaban bien gracias a la incansable intervención de Facundo Miguel, quien ahora era el *Master Blender* (el encargado de determinar la composición exacta de los licores compuestos y supervisar el proceso de añejamiento) y el brazo comercial de su cuñado Enrique Schueg Chassin. Pero no sólo el profesionalismo de los ejecutivos era responsable de los buenos negocios. Hubo otras circunstancias que resultaron positivas. Cincuenta mil soldados estadounidenses resultaron sedientos de ron. De preferencia, los jóvenes curtidos lo bebían en vaso de coctel. La "Cuba libre" y el "Daiquiri" se transformaron en éxitos inmediatos y, hasta la fecha, figuran en el repertorio esencial de los cantineros de todo el mundo.

El Daiquiri habría sido creado el año de la capitulación española, por Jennings S. Cox, ingeniero que trabajaba en la mina de cobre de Daiquirí. Debido al calor bochornoso y tropical de la costa suroeste de Cuba, los directivos gozaban no solamente de un salario inusualmente elevado, sino que también se les proporcionaban vivienda libre de renta y un determinado monto de puros, así como cinco litros de Bacardí "Carta Blanca". Cox, que en las fotografías aparece como un sibarita, era un virtuoso a la hora de mezclar cocteles. Un día sorprendió a sus colegas con una bebida refrescante que encontró buena acogida: Carta blanca, jugo de limón recién exprimido, azúcar y hielo triturado, todo mezclado durante tiempo suficiente en un vaso agitador y luego servido en vaso de vidrio. En uno de los folletos de la firma dice: "La combinación agridulce de jugo de limón y azúcar combinó perfectamente con la sedosa finura del Bacardí Carta Blanca".[17]

En una ocasión, mientras se encontraba de visita en el elegante hotel Venus de Santiago, Cox nombró a la bebida de la siguiente manera: "Ya somos bastantes los que hemos disfrutado de esta deliciosa mezcla. ¿No creen que es tiempo de bautizarla?". Los parroquianos asintieron y Cox tuvo una revelación: "Debemos llamarla Daiquiri, en conmemoración de las minas".

No había llegado el Daiquirí al otro extremo de Cuba cuando en La Habana se encontraba ya en vía de triunfar el coctel "Cuba libre". Se atribuye a un teniente estadounidense la creación de esta mezcla compuesta por Coca-Cola, ron, jugo de limón, azúcar y hielo.

Con el auge de Bacardí, que tuvo lugar a principios del siglo XX, comenzó para la empresa una nueva era: los años dorados del coctel. Naturalmente, los soldados estadounidenses querían seguir disfrutando de estas bebidas al regresar a su patria. La invaluable propaganda de boca en boca mantuvo las cajas registradoras muy activas. Incluso los cubanos fueron víctimas del "ron con coca". Además, los Bacardí obtenían más distinciones. En 1900 ganaron una medalla de oro en París, otra en 1901 en Buffalo y una más en 1904, en San Luis. En 1910 se aventuraron a inaugurar un almacén de descarga en Barcelona, en un paso hacia ultramar. En 1911, finalmente, se despidieron de la antigua planta de destilación que John Núñez había utilizado durante treinta y ocho años, más los cerca de cincuenta en poder de Bacardí. En 1915, la fábrica de Santiago fue modernizada y ampliada, justo a tiempo para hacer frente al espectacular aumento en la demanda.

La Primera Guerra Mundial fue como un golpe de suerte para los fabricantes de ron. Mientras más se estrechaba el suministro de vinos, champaña y coñac, mayor era la demanda de ron. Los consumidores estadounidenses se adaptaron con rapidez y Bacardí reaccionó con la inauguración de una bodega de descarga en Nueva York.

El éxito fue tan estrepitoso que los dueños emprendieron la conversión de la empresa en una sociedad anónima propiedad exclusiva de la familia. En 1919, Bacardí y Cía. cambió su denominación a Compañía Ron Bacardí, S.A. Los hermanos Emilio y Facundo Miguel, así como su cuñado Enrique, recibieron treinta por ciento de las acciones, cuyo precio por paquete accionario superaba el millón de dólares. El diez por ciento restante los recibieron José, Antón y Joaquín Bacardí, hijos del hermano más pequeño, José. Éste se había mudado a La Habana, desde donde organizó la operación internacional del consorcio; murió en 1907. La decisión de hacer partícipes a los tres hijos del hermano menor habla del sentido familiar de los Bacardí. Pero ciertamente había lugar para la generosidad, pues el crecimiento de la empresa generó suficiente dinero para todos. En siete años, el volumen de ventas ascendió de 180 mil a 3.7 millones de pesos, que en aquella época tenían el mismo valor del dólar estadounidense. Y no se veía el fin del boom, sino todo lo contrario. La era de la prohibición en Estados Unidos no haría sino multiplicar las ganancias una vez más.

Emilio Bacardí y Moreau: un "gran cubano"

Ahora Emilio Bacardí era el presidente de la Compañía Ron Bacardí. Facundo Miguel era primer vicepresidente y Enrique Schueg Chassin el segundo. Pero Emilio ya no se ocupaba de balances financieros, desarrollo de productos o estrategias de ventas. Enrique se había hecho cargo de todo ello. También le había dado la espalda a la política, tras su apresurado paso por el parlamento. En sus últimos años, se dedicó cada vez más a su profesión más auténtica: el arte y la literatura. En una nota necrológica se mencionaba: "Él nació para el arte. Equivocó su profesión: odiaba los números. Un golpe de mala suerte lo hizo hombre de negocios".[18]

No deja de asombrar que Emilio haya encontrado tiempo suficiente —al margen de sus obligaciones profesionales y su agotador compromiso político— para escribir ensayos, novelas, obras de teatro y obras históricas. En los años sesenta, Emilio Bacardí elaboró artículos para periódicos y revistas como miembro del grupo Librepensador Victor Hugo y, naturalmente también más tarde, cuando su residencia forzosa en África del Norte lo motivó a registrar sus pensamientos, observaciones y vivencias. Una de esas novelas se llama *Via Crucis* e ilustra la historia de una familia que posee una plantación en la guerra de los diez años. Algunas experiencias de la guerra encontraron su camino hasta la novela. Veinte años más tarde, la crítica distinguió a Emilio

Bacardí, reconociendo su talento literario. Pese a su conocimiento íntimo de la política real, la novela no consta de una documentación histórica sino de un drama familiar narrado con precisión y objetividad en el estilo de Gustave Flaubert o Émile Zola (aunque sin alcanzar la grandeza de éstos). Siguieron más obras de teatro y novelas. Sin embargo, su obra más importante son las *Crónicas de Santiago*. En diez volúmenes, Bacardí narra la historia de su ciudad natal de 1515 a 1902, compilada en actas y otros documentos de la época.

En 1899, Emilio Bacardí erigió un museo en Santiago, con ayuda del gobernador estadounidense Leonhard Wood. En el transcurso de los años, compró regularmente piezas de exposición de acuerdo con el estado de la empresa y según los destinos de viaje de la pareja Bacardí. Emilio y Elvira viajaron abundantemente por Europa, África del Norte y Sudamérica. Emilio estaba fascinado por Egipto y América Latina, donde, con suerte y el dinero necesario, compró hallazgos significativos y los transportó a casa en su maleta de viaje. Jamás regresó sin "botín". En una ocasión, el fabricante de ron obsesionado con la cultura compró una momia egipcia de cuatro mil años de antigüedad, que declaró en la aduana como tasajo, para sacarla del país. El presidente de Bacardí coleccionaba todo lo que considerara digno de ser exhibido. Su interés lo abarcaba todo: desde fósiles de toda clase y antigüedad, hasta grabados y esculturas. Su sueño era exhibir algún día la colección, en un nuevo museo que regalaría a la ciudad de Santiago. Por desgracia, no pudo ver realizado este deseo. En 1928, cuando Elvira Cape entregó las llaves del Museo Emilio Bacardí y Moreau —una construcción esplendorosa en estilo neoclásico—, el mecenas tenía seis años de haber fallecido.

Emilio Bacardí y Moreau falleció el 28 de agosto de 1922. No solamente la familia le rindió duelo, sino toda la ciudad de

Santiago. Durante dos días se paralizó la vida pública, las presentaciones fueron suspendidas y los cafés permanecieron cerrados. Más de cuatrocientas mil personas participaron en el cortejo fúnebre del antiguo alcalde, entre ellas funcionarios del gobierno cubano y del cuerpo diplomático, así como intelectuales y artistas de América Latina y Europa. La ciudad había perdido más que un fabricante de ron sensible al arte y con gran sentido humano. Santiago rendía duelo a un gran patriota. Con Emilio Bacardí y Moreau se fue a la tumba un distinguido representante de una generación que durante décadas luchó por hacer de Cuba un estado soberano, una república independiente.

La lista de condolientes era larga. Se inscribieron personalidades de toda Cuba, entre ellas el presidente Alfredo Zayas. Leonhard Wood, antiguo mentor, escribe desde Manila a la viuda: "Mi esposa y yo recordamos con agrado el tiempo que pasamos en Santiago y, entre las memorias más amenas, está la de la colaboración con su esposo, que tan enérgicamente nos echó la mano en cada ocasión que estuvo convencido de que podía hacer algo bueno por Cuba"[19] Bajo el título de "El mayor destilador de Cuba ha muerto", el *Havanna Post* consignó: "Cuba perdió con Emilio Bacardí a un hombre que luchó su vida entera por la independencia de nuestra patria". Se trataba, según el diario, de un filántropo que siempre estuvo dispuesto a dar cuando, en su opinión, había una causa que merecía apoyo. En el *Heraldo de Cuba* se leía: "La muerte de este gran cubano es triste, sobre todo en estos tiempos de incertidumbre nacional cuando hombres como él son tan necesarios: independiente, patriótico y digno".[20]

El american way of life *se adopta en Cuba*

En 1922, el año en que murió Emilio Bacardí, muchas esperanzas largamente cobijadas se derrumbaron. Un gobierno tras otro era disuelto o defenestrado en medio de enredos por corrupción o simplemente por incapacidad. Debido a los irresolubles conflictos políticos internos, el presidente Estrada solicitó la intervención de Estados Unidos en 1906. Sólo en 1909 fue que las tropas estadounidenses abandonaron la isla de manera definitiva, pero para ese entonces no quedaba mucho por salvar. Hacía mucho tiempo que Cuba se había sumido en una nueva dependencia. En vez de españoles, ahora eran magnates venidos del norte quienes se apoderaron de Cuba. Mediante contratos comerciales finamente amañados, consiguieron integrar la economía cubana a la de Estados Unidos. En 1902, los estadounidenses ofrecieron reducciones arancelarias de entre veinte y cuarenta por ciento para algunas exportaciones cubanas, entre ellas azúcar de caña y tabaco. De modo recíproco, Cuba estaba obligada a garantizar reducciones arancelarias de entre veinte y cuarenta por ciento para más de quinientos productos estadounidenses. En opinión de Frank Niess, este pacto reforzó "la dependencia estructural de Cuba, en tanto que convirtió al país en la principal industria de azúcar de caña de los Estados Unidos, mientras todos los bienes de capital, la mayoría de los productos manufacturados, muchas materias primas y alimentos, debían ser importados."[21] Con tal estrategia, la "anexión económica" de la isla transcurrió más rápido de lo esperado y la meta de erosionar las tradicionales relaciones comerciales con España se alcanzó muy pronto. En la primera década de siglo, el *american way of life* penetró la cotidianidad de los cubanos. Los productos *made in USA* inundaron el mercado. Y debido a que Cuba era conocida en el norte como una "vaca con ubres doradas", los capitalistas estadounidenses se lanzaron a invertir en la isla. En 1906 ingresaron 120 millones de dólares, y la suma ascendió, en 1913, a 220 millones para llegar a 919 millones en 1929, cuando la crisis de la economía mundial hizo una pausa en las transferencias millonarias hacia tierras caribeñas.

No era precisamente el tipo de libertad que se habían imaginado los patriotas cubanos. Hacia donde uno mirara, Estados Unidos estaba en todo lugar en el que hubiera ganancias de por medio. Varias empresas estadounidenses compraron y modernizaron ingenios azucareros justo después de que la guerra finalizó, en 1898. Con ello llevaron a la ruina a los pequeños productores. La electricidad y el gas estaban en manos estadounidenses, igual que las compañías telefónicas, muchas de las minas, las plantaciones de tabaco y la mayoría de los bancos. Aunque la ganadería permaneció en manos cubanas, la industria de la carne se manejaba desde Estados Unidos. El dominio económico de los vecinos del norte tuvo consecuencias naturales para la política interior y exterior de la isla. Las grandes decisiones no recaían en el presidente de Cuba sino, en muchos casos, en el embajador estadounidense en La Habana. En el primer tercio del siglo XX, la anexión informal de Cuba era un hecho prácticamente consumado.

Estos acontecimientos no fueron desventajosos para la Compañía Ron Bacardí, sino todo lo contrario. Fueron los Bacardí quienes le sacaron a los estadounidenses los dólares del bolsillo, pues la prohibición que duró de 1920 a 1933 trajo consigo espectaculares cifras de ventas para la empresa, en su propia tierra. Los turistas estadounidenses inundaron la isla en esos días en que nadie se iba sobrio a la cama. La época dorada del coctel fue, ante todo, una época dorada para los Bacardí.

3. Rumbo al paraíso: Bacardí y la prohibición

Una de las últimas fotografías en vida de Emilio Bacardí y Moreau lo muestra como patriarca de una familia en franco crecimiento. Él aparece sentado en el jardín de su casa de campo Villa Elvira, rodeado de dieciséis nietos. Cual flautas de un órgano, éstos flanquean a su abuelo a ambos lados. Cerca de la silla del patriarca, que mira a la cámara feliz y relajado, se paran los dos más pequeños, que no llegan a los tres años de edad.

Cuando, años más tarde, se le preguntó al nieto Daniel Bacardí Rossell qué recuerdos tenía de su abuelo, contó con agrado la historia de la "hoja rota". Durante una visita a la casa citadina de sus abuelos, rompió a su paso, con los dedos, las hojas de una planta. Su abuelo Emilio lo había visto; le llamó y le preguntó si le gustaría que alguien le arrancara una oreja. "Por supuesto que no", tuvo que admitir Daniel. "Entonces nunca lastimes en vano a un ser vivo", adoctrinó el abuelo. "Las plantas también son seres vivos."

¡Ay, la familia! Sobre el anecdotario familiar

Como revela la fotografía, el clan Bacardí es en cierto modo una familia que se abarca de un vistazo. Doce hijos y diez hijas —hijos de Emilio, Facundo Miguel, José y Amalia— constituyen a principios de los años veinte el núcleo de la tercera generación. La línea de Emilio Bacardí es la más representada. De su primer matrimonio con María Lay Berlucheau provienen seis hijos: Emilio —conocido como "Emilito"—, el par de gemelitos José y Facundo, las hijas María y Carmen y Daniel Bacardí Lay. La segunda esposa de Emilio trae cuatro hijas al mundo: María, Lucía, Adelaida y Amalia.

El hermano Facundo Miguel, casado con Ernestine Gaillard Darigol, tiene una familia notablemente menor. Cuando muere, en 1926, las hijas María y Laura, así como los hijos Luis y Facundo —conocido como Facundito—, reciben treinta por ciento de las acciones. Sólo cinco nietos hacen duelo a la muerte del abuelo.

Los tres hijos de José Bacardí y Moreau, dueños del diez por ciento de las acciones del paquete familiar, son representados en los años veinte por menos de diez descendientes con derecho a herencia dentro del clan.

Más abultada, en cambio, es la rama familiar de la hermana Amalia. Junto con Enrique Schueg Chassin tuvo cinco hijos: Arturo, que falleció en la Primera Guerra Mundial; Lucía, Jorge, Enriqueta y Víctor. Lucía se casó con Edwin Nielsen y tuvo tres hijos; el hijo Jorge, casado con Gladys Freites, fue padre de cuatro hijos; Enriqueta, casada con Pepín Bosch, el futuro presidente de la compañía, tuvo dos hijos; el matrimonio de Víctor y Marcia Facey no tiene descendencia. La abuela Amalia presencia un auténtico auge de fertilidad. En promedio, las nietas y nietos tienen cuatro hijos, así que en los años cincuenta ya participaban más de veinte bisnietos en las fiestas familiares de la casa Bosch. Hasta la emigración, a finales de los años cincuenta, el crecimiento de la familia Bacardí se mantiene a tal ritmo que establecer la conexión entre las diferentes líneas requiere cierto interés especializado en los métodos de la genealogía. Hoy, el clan cuenta con más de seiscientos miembros y, en encuentros familiares, hay algunos parientes que deben ser presentados a otros.

Bajo cualquier concepto, en los años veinte la generación de nietos y bisnietos del fundador Don Facundo crecen bajo condiciones de gran burguesía y a veces de lujo. Viven en palacetes rodeados de extensas áreas verdes, protegidos y amparados por leales miembros de la servidumbre. Los padres poseen costosos autos de fabricación estadounidense. Por supuesto, los jóvenes Bacardí asisten a las mejores escuelas secundarias de la unión americana, cabalgan en el Country Club y juegan tenis en el club de Vista Alegre. En la ciudad campestre a las puertas de Santiago, generosamente construida, residen las familias más ricas: los Navarrete y Espinoza, los Bosch, los Rousseau y Mestre. Viven en mansiones con grandes escalinatas, columnas, miradores, balcones de hierro forjado y terrazas. Sin el capital de los comerciantes arraigados, ganaderos e industriales, la región se estancaría: ellos controlaban la economía y por tanto, como es natural, la política.

Suelen circular muchas historias que ilustran cuánto se había alejado la familia Bacardí, al paso de los años, de las raíces del viejo Don Facundo. Se rumoraba en la ciudad sobre un episodio que ocurrió en mar abierto, cerca del club de yates. Un joven Bacardí había hecho zozobrar su bote y casi se ahoga si no hubiera sido por la intervención de un pescador que lo rescató cerca de su red. Al día siguiente, el muchacho se apersonó en el pueblo del pescador. Como era natural, todos pensaban que le haría un regalo como muestra de agradecimiento. En cambio, le preguntó: "Dime, pescador. ¿Te acuerdas de dónde quedaron los tenis que llevaba puestos cuando me caí al agua?". Como el pescador se encogió de hombros, el joven se retiró de inmediato sin siquiera despedirse.

Hay otras historias que hablan de la modestia y el sentido humano de los ricos y poderosos. Pero estas anécdotas no hacen más que subrayar el poder que los Bacardí habían obtenido. Por ejemplo Ignacio, un antiguo contador de la empresa, recuerda el encuentro que sostuvo con Luis, uno de los hijos de Facundo Miguel. Éste le encargó una diligencia de mensajería y, una vez que el trabajo estuvo concluido, lo invitó al Club 300, uno de los bares más refinados de Santiago de Cuba. Ahí, Luis trató al joven como a un amigo, le ordenó una bebida y le ofreció hablarle de tú con las palabras siguientes: "Tú y yo somos personas que valemos lo mismo. La única diferencia entre nosotros es que yo nací en cuna dorada y tú no. Pero eso no es mérito mío". El discípulo tuvo que prometer que dentro de la empresa seguiría hablando de usted a Luis. Al día siguiente, éste invitó de nuevo a Ignacio, esta vez a comer en el opulento Hotel Casa Granda. Ahí le regaló una caja de puros. Con tartamudeos, el joven rechazó los obsequios. Pero Luis insistió en que debía indemnizarlo por el tiempo perdido; después de todo, había actuado no como aprendiz de la firma sino en la resolución de un asunto personal.

Una anécdota muy similar, en la que figura un antiguo conocido Bacardí, es desenterrada por el cronista de la ciudad, Duharte, quien aún vive en Santiago. Este joven Bacardí se había presentado con una mujer al hombro en la puerta del Club 300. Cuando quiso entrar, el portero intentó detenerlo. La dama al lado del joven Bacardí era, al parecer, una prostituta y las "mujeres ligeras" no podían entrar a este club de los ricos y refinados. "Por supuesto que usted puede entrar, señor Bacardí, pero su acompañante no. Ella viene de un barrio de dudoso honor." El joven Bacardí empujó al portero a un lado y replicó: "De dudoso honor son todos los señoritos de ahí dentro. Mi acompañante viene de un barrio exclusivo. Es una ramera honorable".

Sin duda, la *jeunesse dorée* sabía cómo divertirse. Para las muchachas de la familia, el Country Club y el Tenis Club de Vista Alegre ofrecían la oportunidad de atrapar con la mirada a jóvenes de su misma clase social. Por ejemplo, fue durante un partido de tenis que Enriqueta, hija de Enrique Schueg y Amalia Bacardí, conoció a José Pepín Bosch, que venía de una de las familias más ricas de Santiago y más tarde se convirtió en el sucesor de Schueg como presidente de la compañía Ron Bacardí.

Pese a que la fortuna crecía continuamente, sólo hasta la tercera y cuarta generación surgió el recuerdo del legado catalán. A éste pertenecía la lección y mandamiento que rezaba: "En la vida nadie te regala nada. Uno mismo debe procurarse todo". Supuestamente, todos los familiares que quisieran integrarse al negocio debían comenzar desde abajo. A veces era sólo cuestión de meses, pero cada uno debía haber trabajado en el almacén de descarga o en ventas. La modestia era una de las virtudes más apreciadas en la familia, junto con la diligencia y cierta generosidad en los actos de caridad.

Aunque hubo algunos Bacardí que se entregaron al dulce placer del ocio y de gastar el dinero a manos llenas, muchas de las posiciones más importantes en el negocio estaban reservadas para la familia. El hijo menor de José Bacardí y Moreau, Joaquín Bacardí Fernández, por ejemplo, era conocido por su confiabilidad y entrega al trabajo. Había obtenido un título de ingeniería en Harvard y en Dinamarca recibió capacitación como destilador de cerveza. Cuando regresó a Cuba, en 1927, se hizo cargo de dirigir la producción en la destilería de cerveza de la familia. Ahí se fabricó, a partir de 1927, la cerveza Hatuey, que pronto se colocaría como una de las marcas líder en el mercado cubano. Se apreciaba su conocimiento y lealtad, y era motivo de algunas burlas su extremada austeridad, que no era muy comprendida en la familia. El futuro presidente Pepín Bosch, que afablemente se burlaba de los demás, contaba en círculos masculinos una historia ficticia, usualmente en altas horas de la jornada. Decía que había visitado en Nueva York a un doctor capaz de reemplazar el órgano más "importante" de su cuerpo, que ya presentaba escaso rendimiento. El trasplante, sin embargo, tenía un precio: cuarenta mil dólares. Cuando Joaquín se enteró de lo bien que le iba a Pepín con su nuevo pene, seguía la broma, también quiso operarse. Voló a Nueva York y se estremeció al conocer el precio. Cuarenta mil dólares eran mucho para Joaquín, quien regateó y regateó hasta bajar la tarifa a diez mil dólares. El trasplante, pues, se llevó a cabo. Cuando, una semana después de la intervención, Pepín le preguntó cómo le iba, Joaquín se quejó amargamente. Tenía el mismo "problema" que antes del trasplante. Pepín se asombró y, en la siguiente consulta con el doctor, preguntó qué salió mal. "Nada", dijo el médico. "Él no quería pagar cuarenta sino sólo diez mil, así que le puse el que le quité a usted."

El yerno como nuevo presidente

Tras la muerte de Emilio, en 1922, surgieron preguntas sobre la sucesión en la dirección de la empresa. En la familia de Emilio no había representantes masculinos dignos del cargo. Emilito, el primogénito de Emilio, había luchado con tal sólo dieciocho años en la guerra de independencia. Luego fue ayudante del gran general Antonio Maceo y en este cargo, como se sabe, literalmente quemó sus cartuchos. Luego de la guerra no volvió a trabajar en la empresa paterna. De cuando en cuando se le vio en recepciones ofrecidas por Bacardí; por lo demás, se conformó con los dividendos del paquete accionario que heredó.

Se dice que el hermano de Emilio, Facundo Miguel, con gusto hubiera fungido como presidente. Al quedar claro que el puesto no sería para él, se fue dolido de Santiago y hasta su muerte, en 1926, pasó los inviernos en La Habana y los veranos en su casa de campo en Allenhurst, Nueva Jersey.

También se barajaron los nombres de Luis y Facundo,

llamado Facundito, como posibles sucesores. En especial, Facundito parecía tener el perfil preciso para el puesto. Había estudiado en Estados Unidos y había ascendido rápidamente a vicepresidente. Era muy sociable y representaba con éxito a la empresa tanto en Cuba como en el exterior. Causaban admiración su lancha deportiva y su elegante yate. Con agrado mostraba las instalaciones de su empresa a turistas extranjeros y en los recorridos detallaba de manera encantadora el abecé de la producción del ron. En la posterior degustación en el bar, demostraba a los visitantes por medio de ejemplos prácticos la diferencia entre el ron blanco y el dorado. Y lo hacía con tanto detalle que más de una víctima de la prohibición regresó al bar de la empresa Bacardí. Don Facundito no pudo llenar las expectativas de su propio padre, pues tuvo una muerte trágica y temprana. El deceso ocurrió en el Bar Rialto. En una disputa que luego fue calificada como "inocua y amistosa" con un oficial de la policía, un tiro se escapó de la pistola de éste. La bala atravesó el vientre de Facundito y tuvo que extraerse mediante una complicada operación. Las heridas eran graves y, cuando se presentó un cuadro de neumonía doble, sobrevino la muerte. El prometedor ejecutivo contaba con apenas cuarenta años de edad y no dejó descendencia.

Luis, hermano de Facundito, nunca fue tomado en serio como candidato. Desde el principio le había costado trabajo poner pie en la empresa. Padecía de pánico a las infecciones: cuando se veía obligado a saludar a alguien, de inmediato corría a desinfectarse las manos con alcohol. Tras la muerte de su hermano, Luis recibió treinta por ciento de las acciones de la compañía y por poco tiempo ocupó la oficina del vicepresidente. Pero ahí se forjó la reputación de intrigante, además de que nunca sintió responsabilidad hacia la empresa y se enemistó incluso con el sucesor de Schueg.

Finalmente, la familia se decidió por Enrique Schueg Chassin como nuevo presidente de Compañía Ron Bacardí. Desde hacía tiempo, él era el creador y ejecutor de las estrategias. Siempre que se trataba de sacar a la empresa de una situación difícil, brillaba con sus sutiles estrategias de salvación. Cuando en 1920 se prohibió en Estados Unidos la elaboración y venta de bebidas alcohólicas, parecía que se avecinaba un desastre para los fabricantes y exportadores cubanos de licor, como los Bacardí. Como producto del auge en la demanda de ron durante la Primera Guerra Mundial, en 1916 la empresa abrió un almacén de descarga en Nueva York. Cuatro años más tarde, cuando la prohibición fue incorporada a la Constitución de Estados Unidos, había sesenta mil cajas de la Compañía Ron Bacardí almacenadas en Manhattan. Enrique Schueg confirmó en ese momento crítico su talento como avispado hombre de negocios. Disolvió la compañía neoyorquina, mientras vendía sesenta mil acciones. Los compradores recibieron una caja de ron por cada acción. El problema se arregló y los daños resultaron limitados.

Cuando Schueg tomó el control de la empresa, ésta contaba con un capital estimado en seis millones de pesos o seis millones de dólares. Los Bacardí poseían una destilería moderna y un edificio en el cual se fermentaba el azúcar; un almacén donde podían poner a madurar hasta veinte millones de litros de ron, una fábrica de cajas, una fábrica de botellas, una cámara de refrigeración, una planta de electricidad, vagones con tanque para el transporte de la melaza desde el ingenio hasta la destilería, vagones de ferrocarril, un almacén de artículos diversos, una carpintería, una fundidora y talleres diversos.

Schueg apostó por una mayor expansión. Llevaba tiempo intentando aumentar las ganancias a través de la publicidad e intentando lograr una mayor variedad en el espectro de productos.

El almacén de descarga en Barcelona fue un primer paso para extender la operación más allá de las fronteras y el segundo fue la sucursal de Nueva York. Su sueño era producir una cerveza que fuera tan buena como el ron de la empresa. Para ello puso en curso a principios de los años veinte, poco después de haber tomado el control del negocio, la construcción de una fábrica de cerveza.

Rumbo al paraíso. El golpe de suerte de la prohibición

La era de la prohibición en Estados Unidos comenzó el 16 de enero de 1920, con la Enmienda 18 A. Para entonces, eran pocos quienes creían que la política oficial acerca de los licores duraría largo tiempo. Todo resultó tal como lo previeron los escépticos: a pesar de las medidas de control y castigo para todos aquellos que fabricaran o distribuyeran alcohol, el consumo no disminuyó sino que se fue a la alza. La destilación y contrabando de alcohol prometían grandes dividendos. Distribuidores secretos, llamados *bootleggers*, proveían a grandes clientes como restaurantes, hoteles y clubes con todo aquello que tenía demanda. Empresas ficticias en las Bahamas, Bermudas o el Lejano Oriente, sobre todo en Shangai, facturaban los envíos. Éstos en pocas ocasiones llegaban al punto del pedido o permanecían muy poco allí para luego encarrilarse en el *rum row* (circuito del ron). La mercancía "caliente" se etiquetaba en altamar, aunque cerca de la costa estadounidense. Los contrabandistas llegaban en lanchas rápidas a los buques cargueros, intercambiaban la mercancía por cajas de ron, ginebra o whisky y las llevaban a la costa eludiendo los puestos de vigilancia marítima. Esto sucedía principalmente a la altura de Boston o Nueva York. Tras el contrabando se escondía la mafia que, gracias a la prohibición, entre 1920 y 1933 llegó a convertirse en un Estado dentro del Estado. Hasta mil gángsteres servían temporalmente al "ejército subterráneo" de Al Capone, uno de los más sangrientos jefes de la mafia. Se calcula que, en sus mejores años, Capone por sí mismo ganó entre sesenta y cien millones de dólares al año por contrabando de alcohol. Antes de la prohibición existían cerca de treinta mil salones con licencia para vender alcohol. Diez años más tarde se tenía registro del doble de *speak-easys*. Además, siempre había demanda de ron en clubes, bares y traspatios. Era más barato que el whisky y mejor que la ginebra, según se decía.

"Bacardí no cometió crimen alguno; no vendió su ron a contrabandistas que debido a la gran demanda conseguían el Ron Bacardí", afirma Peter Foster un su biografía familiar.[22] Si bien es difícil imaginar que los hábiles ejecutivos de Ron Bacardí no supiesen quién se escondía tras las lucrativas órdenes de compra provenientes de Nassau o Shangai, ciertamente no había delito en hacer envíos a empresas fantasma o direcciones ficticias. Conforme al derecho cubano, los productores tenían total libertad para elegir a sus socios de negocio. Y dado que las consideraciones morales rara vez juegan un papel importante en el mundo de los negocios, sólo quedaba una deducción posible para el caso de los Bacardí: para la empresa, la prohibición había sido un golpe de suerte.

Suele suceder también en la vida: la suerte es para los fuertes e inescrupulosos. Y fuerte, en aquel entonces, era quien entendía cómo dar a conocer su producto de la manera más hábil. En lo que respecta a la publicidad y el mercadeo, los Bacardí se adelantaron a su tiempo. Una diestra jugada de ajedrez por parte de Enrique Schueg resultó ser la construcción del Edificio Bacardí en 1924. Éste debía servir a objetivos de representación exclusivamente, así como para erigir un monumento a la familia. De hecho, la empresa utilizaba sólo dos pisos y en los tres restantes el espacio se rentaba para oficinas. La propuesta arquitectónica fue de Maxfield Parrish, quien diseñó la fantástica edificación art déco. Ésta era gratamente estética, con elementos lúdicos junto a elementos ordenados de manera estrictamente geométrica y ornamentos. Como remate al edificio de cinco pisos, se construyó una torre escalonada con ladrillos pintados y terracota de colores. En los espacios interiores, causaba impresión el mármol de muchas tonalidades, proveniente de varias partes de Europa. Había frisones de baldosas finamente acabadas en café y azul y en el techo del edificio se instaló una esfera en la cual se sentaba un murciélago con las alas entreabiertas. En un piso intermedio había un bar en donde se invitaba sobre todo a turistas estadounidenses. Éstos entraban en el edificio por una impresionante puerta de tres hojas, a cuyos lados colgaban pesadas y doradas antorchas. Todo esto pretendía que a la salida se escucharan voces llenas de alabanzas y no solamente en lo que respectaba al producto, generosamente dispensado, de la empresa Bacardí. En este edificio esplendoroso convivían calidad y belleza, valores que debían relacionarse con el ron de la familia Bacardí.

En el bar elegante, los turistas tomaban orgullosos por primera vez bebidas como el Daiquiri, los Mojitos, las Cuba libres y la bebida especial de los anfitriones: el coctel Bacardí, que llevaba Carta Blanca, jugo de limón, granadina y mucho hielo. El concepto publicitario de Schueg funcionó. El nombre de Bacardí se registraba en la memoria por el excelente trato que se daba a los turistas. Los visitantes eran recibidos en el mismo aeropuerto y, a petición expresa, transportados directamente al Edificio Bacardí. El servicio era similar en Santiago de Cuba. Aquí el transporte iba directamente del barco al coctel de bienvenida por cuenta de la casa. Para los "deshidratados" estadounidenses, esto era una experiencia inolvidable y más aún cuando la recepción estaba a cargo de un auténtico heredero Bacardí. Al retornar a casa, quedaba el recuerdo de la hospitalidad de los Bacardí, así como los exóticos espectáculos y las noches en los casinos. Los ricos y superricos de Estados Unidos, entre ellos estrellas de cine, ídolos deportivos, gente de negocios e intelectuales, se divertían de lo lindo en Cuba y el nombre de Bacardí se convirtió, en la época de la prohibición, en sinónimo de alegría desenfrenada. Parecía no haber límites; después de todo, uno podía permitirse la diversión.

Los publicistas de Bacardí apuntaron sus baterías directamente a quienes resultaron perjudicados por la prohibición. En una tarjeta publicitaria que se distribuía de manera gratuita en 1920, al término de las visitas al bar del Edificio Bacardí, se ve al murciélago que lleva botellas de ron al séptimo cielo, pasando por encima del demonio. En otra figuraba el letrero "Volando hacia el paraíso": mostraba al Tío Sam aferrado a las alas del murciélago, poco antes de aterrizar en Cuba. Ahí es esperado por un alegre bebedor encaramado a una palma real que lleva en la mano —¿qué otra cosa?— una botella de Bacardí.

Con el creciente interés por el ron Bacardí, se incrementó también en Estados Unidos el peligro del mercado ilegal. En los *speak-easys* se practicaba toda clase de engaños y trampas: no había ninguna sorpresa en un entorno en donde sólo una cosa importaba: ganar dinero y, de ser posible, rápido y sin esfuerzo alguno. Facundito pudo convencerse personalmente de los pruritos de la piratería con su marca. Un amigo le prometió llevarlo después de cenar a un *speak-easy* en el que supuestamente se ofrecía el ron Bacardí. El solo aroma le indicó al joven vicepresidente que en su vaso se había servido un aguardiente infame. Así que esa misma noche hicieron otro intento. Esta vez fueron a un club exclusivo. Pero también en dicho lugar Facundito tuvo que reclamar, pese a que en las botellas usadas por el cantinero venía pegada la etiqueta "Carta de oro". Encolerizado, el cantinero mandó llamar al dueño del club. Éste también se tornó endemoniadamente iracundo cuando escuchó que el licor en su vaso era todo menos Bacardí. "Administro este lugar desde hace más de treinta años y sirvo Bacardí desde hace veinte. Así que algo he de conocer", respondió con rudeza el anfitrión. "Y yo fabrico Bacardí desde hace más de veinte años", replicó lacónicamente Facundito.

La piratería con marcas serias durante la prohibición obligó también a los Bacardí a proceder contra todas estas prácticas luego del levantamiento de la ley seca, en 1933. La primera víctima fue el dueño de una cadena de restaurantes, a quien se le pudo comprobar que usaba ron de otra marca en el Coctel Bacardí. Un juez de Nueva York determinó durante el proceso que: "debe reconocerse como Coctel Bacardí solamente aquel en el cual se utiliza ron Bacardí". Fue una sentencia favorable a la firma que la protegió contra el mal uso de su nombre.

El experimento de México. El yerno Pepín Bosch,
salvador en tiempos de necesidad

Ni siquiera en los años dorados de la prohibición todo transcurrió conforme a lo planeado y lo deseado. Internacional y nacionalmente, la situación económica se deterioró estrepitosamente desde octubre de 1929, cuando se dio el famoso Viernes Negro en la Bolsa de Valores de Nueva York. Estados Unidos incrementó el arancel al azúcar de importación, mientras en los mercados internacionales el precio del producto se desplomaba. Por si fuera poco, ese año Cuba tuvo su peor zafra desde 1915. El gobierno cubano dispuso incrementos fiscales tanto a la venta como a la exportación de ron. Para evitar los impuestos,

Schueg amenazó con trasladar su producción de ron a México. "En buena medida, la amenaza no era más que una finta"[23], dice Peter Foster, pero la maniobra tuvo éxito. La perspectiva de perder empleos e ingresos fiscales movió al gobierno a decretar una excepción para la industria del ron. Sin embargo, esta salida de ninguna manera tranquilizó a Schueg. El empresario, con su amplia visión, se percató de que la situación económica era muy inestable.

Desde 1924, el país era gobernado con mano dura por Gerardo Machado. En su campaña electoral, éste había prometido "Honestidad, calles y escuelas". Por supuesto, no se mencionó nada acerca de represión o de limitar a los opositores políticos. Pero apenas había llegado al poder cuando comenzó la persecución de líderes estudiantiles radicales y de sindicatos procomunistas. En 1925, 128 organizaciones sindicales se afiliaron a la primera Confederación Nacional Obrera de Cuba. El mismo año fue fundado el Partido Comunista Cubano (PCC). La mala situación económica del país fue campo fértil para las fuerzas comunistas. Mientras los acaudalados turistas se divertían en el paraíso caribeño y, en pleno frenesí Bacardí, unían el día con la noche, rápidamente creció el desempleo en el país. Las altas cargas fiscales a alimentos y bienes de consumo causaron el empobrecimiento de la clase media. Las pequeñas empresas y las industrias manufactureras iban hacia a la bancarrota. En lugar de construir nuevas escuelas, como se había prometido en la campaña, durante el año que siguió a la elección de Machado se procedió al cierre de instituciones educativas. No había dinero para pagar a los maestros. El ex general se propuso pagar puntualmente los vencimientos anuales de los intereses de la deuda contraída con los bancos estadounidenses. El dinero restante iba a parar a las arcas del ejército. Frente a las acciones de protesta de trabajadores y estudiantes, reaccionó con la prohibición del PCC y el encarcelamiento de sus dirigentes. La "desaparición" de políticos opositores era una de las tareas cotidianas de la policía secreta durante la primera gestión de Machado. Entre las cabezas visibles del PCC figuraba el estudiante Julio Antonio Mella, hoy venerado como mártir de la historia de la liberación cubana. Por orden de Machado, Mella fue asesinado durante su exilio en México.

Todo esto fue seguido con benevolencia por el vecino del norte. El presidente de Estados Unidos, Calvin Coolidge, dijo en su discurso ante el VI Congreso Panamericano: "el pueblo de Cuba es libre y soberano, y disfruta en prosperidad la bendición de la independencia".[24] Aparentemente, el presidente estadounidense reflejaba la percepción de la mayoría de la población en Cuba. No puede explicarse de otro modo que Machado consiguiera reelegirse en 1928. Pero quizá también fue la atmósfera de la represión la que posibilitó la victoria electoral del dictador. Además, algo debía haber costado a la clase alta la reelección de Machado, pues en todo caso la "paz y orden" lucía como mejor panorama para los negocios que uno formado por huelgas violentas, atentados con bomba y actos de sabotaje.

Las cosas, pese a todo, empeorarían. Los cubanos tenían frente a sí una época de catástrofes económicas, de miseria social, de batallas laborales, de violentas confrontaciones políticas y de total arbitrariedad por parte del gobierno electo. Finalmente, en Estados Unidos crecieron las voces que pedían la disolución del "régimen asesino". "Justo frente a nuestras puertas se desenvuelve uno de los regímenes más siniestros del planeta, pues supone que sus acciones deben llevarse a cabo con el auxilio de actos homicidas", se irritaba el presidente de la comisión senatorial en materia de política exterior, E. Borah, en 1929. "No quisiera que las felonías inefables que suceden en Cuba se prolonguen por mucho tiempo, cuando Estados Unidos tiene la facultad de terminarlas invocando el permiso que el propio gobierno cubano concedió con la Enmienda Platt."[25] Pero en este punto, el senador se equivocaba. La Enmienda Platt del año 1902 se concibió para el cuidado de los ciudadanos estadounidenses en caso de un ataque extranjero a Cuba. No era, pues, un cheque en blanco para el derrocamiento de un brutal dictador. Con todo, Estados Unidos podía haber actuado desde ese momento cual demócrata convencido y no cuatro años más tarde, cuando el "fascismo tropical" de Machado había convertido la isla en una especie de cámara de tortura. Los opositores eran torturados hasta la muerte por miembros del "Partido de la porra", una fuerza de choque establecida por el propio Machado. Con hojas de rasurar, guantes con garras y tijeras para tabaco maltrataban a mujeres y niños que se manifestaban por sus derechos. A los prisioneros se les aplicaba la "ley fuga". La universidad, que era considerada un foco subversivo, se cerró durante tres años a partir de 1930. Los estudiantes buscaban defenderse con actos de sabotaje, atentados con bomba y asesinatos. El país se sumió en el caos. En marzo de 1930, algunos miembros de los sindicatos proscritos consiguieron organizar una huelga general. Machado reaccionó con la imposición del estado de emergencia. Contemporáneos de aquella época se refieren a ésta como la hora más negra de Cuba.

"Actualmente, el cubano es un mendigo y un paria. Llevamos una montaña a cuestas que casi nos aplasta." Así describía la situación el sociólogo y filósofo Enrique Varona:

> En la cúspide se encuentran los bancos estadounidenses que, si tuvieran tiempo suficiente, se reirían del liliputiense que se arrastra cual hormiga y blande el desarmado puño en señal de amenaza. Bajo los bancos se encuentran los extranjeros dueños de ingenios azucareros, que como un enorme pulpo extienden sus tentáculos a

nuestro suelo, para chuparle las fuerzas. Mucho más abajo viene el gobierno cubano que, con o sin conocimiento, no es más que un peón movido por una mano invencible. El pueblo cubano tiene hambre. Vaga por el país en busca de una pieza de pan seco. Frente a esta realidad, todo palidece. [26]

La "terrible realidad" —y desde el punto de vista de los empresarios cubanos pertenecía a ésta la huelga general del 20 de mayo de 1930— encendió la fantasía entre los directivos de la Compañía Ron Bacardí. Schueg, que a causa de los anunciados aumentos fiscales para la exportación de ron había amenazado con llevarse la producción a México, encontró ventajas en la idea de establecer un segundo punto de apoyo en otro país cercano. Fue el momento en que la lealtad de la élite cubana hacia su presidente comenzó a desbaratarse. Evidentemente, el ex general era incapaz de acabar con la recesión económica. Los errores del pasado amenazaban con tomar venganza: en Cuba fallaba cualquier industria. Todo estaba orientado hacia el azúcar. Ahora, incluso ésta debía importarse.

Pero México, con su "revolución institucional", era otro punto álgido. La gerencia de Bacardí temía que hubiera problemas con el suministro de jarabe de azúcar. También el almacenamiento de ron a una altura de más de mil metros era un experimento de pronóstico reservado. Pese a ello, Schueg decidió construir una fábrica de ron en Tultitlán, cerca de la capital mexicana. La compañía mexicana fue fundada en abril de 1931. Como director, Schueg nombró a su sobrino José Bacardí Fernández, primogénito de su cuñado José Bacardí y Moreau. La empresa no parecía haber nacido con buena estrella. Antes de haber demostrado su talento empresarial en México, José murió en mayo de 1933 a causa de una neumonía. Dejó así una empresa muy endeudada.

A Schueg le asaltaron dudas acerca de si México había sido la elección correcta como campo de experimentación para sus ideas expansivas. El mercado local estaba dominado por la bebida nacional, el tequila, de tal modo que parecía difícil colocar al ron. La incertidumbre era total en cuanto a si algún día la inversión sería amortizada. Justo en este punto se despertó su ambición. El dinero debía rendir frutos. Así que decidió enviar a José Pepín Bosch a México. Él conocía la ambición de su yerno y sabía que lo intentaría todo con tal de salvar el proyecto. Por otro lado, era aconsejable que Pepín desapareciera por un tiempo en el extranjero, pues debido a sus actividades políticas, el esposo de su hija Enriqueta había tenido dificultades cada vez más frecuentes.

José María Bosch, llamado Pepín, nació el 30 de abril de 1898 cerca de Santiago, y se había criado en buena cuna. Como el fundador Facundo Bacardí, el patriarca Bosch había llegado de Cataluña y en Cuba había ascendido rápidamente. A la postre era dueño de un banco y de ingenios azucareros. También obtenía ganancias del transporte público local y era socio de la planta eléctrica de Santiago. Para su familia, el viejo Bosch construyó una imponente residencia en el fraccionamiento campestre Vista Alegre, que era conocida y admirada como el "Palacio Bosch". Pepín Bosch fue educado en la tradición estadounidense, como casi todos los niños de la clase alta. Asistió a secundarias en Estados Unidos, pero no era un estudiante especialmente ambicioso, así que su padre lo mandó traer de regreso y lo empleó como controlador de turno en uno de los ingenios. Pero aparentemente el joven Bosch era más hábil en la práctica que en la teoría. En poco tiempo se había convertido en gerente de dos de los ingenios azucareros del padre, con derecho a participación en las ganancias. Con veintiún años de edad, lucía era un buen partido y un talentoso hombre de negocios. Pero su familia perdió de un día para otro todo su patrimonio cuando, en 1920, se colapsaron los precios del azúcar. Entonces él pensó en emigrar a Argentina, pero se quedó en Cuba por deseos de su madre y comenzó de nuevo desde abajo: como contador del banco estadounidense City Bank en La Habana. También ahí hizo una vertiginosa carrera y en poco tiempo era ya jefe del departamento de crédito.

Peter Foster lo llama "la encarnación de la ética protestante" y añade que "uno de sus colegas describe su estilo directivo como 'indudablemente anglosajón'. En la casa que a finales de los años veinte construyó para él y Enriqueta, en el exclusivo Country Club de La Habana, colgaba un retrato de Thomas Jefferson en un lugar ineludible para la vista."[27]

Como muchos de sus amigos de la clase alta, el joven Bosch participó en la lucha subterránea contra el dictador Machado, a finales de los años veinte. Fue tesorero de un grupo revolucionario que preparaba el derrocamiento del presidente. En 1931, ese mismo grupo introdujo un embarque de contrabando de armas y municiones en el norte de la Provincia Oriente e intentó movilizar a la población del municipio de Gibara para que participara en el alzamiento. La maniobra fracasó. Apenas logró salvarse el líder Emilio Laurent, pero algunos de sus compañeros de batalla fueron fusilados por las tropas de Machado y muchos civiles inocentes de Gibara fueron torturados o asesinados. Para los enemigos del dictador, la situación se volvió cada vez más delicada, pues los esbirros de Machado golpeaban de manera cada vez más brutal.

Dada esta situación, la invitación del suegro para cambiar de aires en la sucursal mexicana no resultó inoportuna. El cambio a México también fue un golpe de suerte para la empresa. Con una brillante idea de mercadotecnia, Pepín Bosch consiguió la apertura del difícil mercado mexicano para Bacardí. Tal como se acostumbraba en Cuba, mandó llenar con ron botellas barrigonas de cinco litros, envueltas en tejido de mimbre, y publicitó el producto con el lema: "Con una botella de Bacardí y unas cuantas cajas de Coca-Cola, usted tiene todo lo que se necesita para una fiesta".[28] Así, en el transcurso de un año logró doblar las ganancias en México. Con este solo hecho recompensaban las inversiones y se reportaban los primeros dividendos. De nuevo, el presidente Schueg podía estar tranquilo. Bacardí se había recuperado de la profunda caída.

Con sarcasmo y a la vez con precisión, la revista *Fortune* describió en 1933 el estado de la empresa:

> Luego de que el azúcar significó la ruina para todos los cubanos, los Bacardí y el presidente Machado fueron durante unos años los únicos acaudalados. Ahora el presidente Machado se dedica a evadir atentados y el presidente Schueg, de Bacardí, espera el fin de la prohibición en Estados Unidos para restablecer la prosperidad de su empresa, obstaculizada por los aranceles, los impuestos y una expansión demasiado ambiciosa. [29]

Machado se va. Viene Batista. El negocio del ron
en tiempos de trifulca política

Al poco tiempo de aparecer este artículo, Estados Unidos dejó a Machado a su suerte y el dictador tuvo que abandonar Cuba. Al levantarse el estado de excepción, la resistencia por parte de la población explotó. Estados Unidos se vio en la necesidad de enviar a Cuba a Summer Wells, uno de sus diplomáticos más eficaces, para preparar una solución política. A éste se le acabó la paciencia el 7 de agosto de 1933. Luego de una sangrienta manifestación en la cual hubo veinte muertos y ciento cincuenta heridos; solicitó la renuncia inmediata de Machado. El dictador se negó en un principio, pero luego cambió de opinión: obligado por los treinta buques de guerra anclados alrededor de la isla. El 13 de agosto voló hacia el exilio. Con varias maletas repletas de dinero llegó a las Bahamas, donde se entregó a la buena vida.

Pero Franklin D. Roosevelt, el nuevo presidente de Estados Unidos, no acababa de sondear las posibilidades para un renacimiento de la democracia en Cuba, cuando en septiembre se produjo una "revuelta de los suboficiales". Demandaban sueldos más altos para sí mismos y mejores condiciones de vida para todos los cubanos. En la cúpula de los rebeldes figuraba el hombre que en los próximos veinticinco años definiría la política en Cuba: el sargento Fulgencio Batista. El mulato de Oriente, que creció en condiciones modestas, instigó a sus compañeros de lucha para que conformaran una alianza con los estudiantes en rebeldía y con la creciente combatividad de los sindicatos. Esta unidad condujo a la elección de un nuevo gobierno en el que se convirtió presidente el profesor en medicina Ramón Grau San Martín. Como ministro de gobierno fungió el joven dirigente obrero Antonio Guiteras.

El nuevo gobierno se sostuvo solamente cuatro años en funciones, aunque en ese tiempo logró llevar a cabo algunas de las reformas económicas y sociales que la población necesitaba. Se impulsó una reforma agraria, se levantó la prohibición de los sindicatos, se instituyó la jornada laboral de ocho horas, así como salarios mínimos para todos los trabajadores azucareros y se introdujo el voto femenino. Además, Grau abrogó la Enmienda Platt un día después de la inauguración de su mandato. Fue una afrenta a los Estados Unidos, que se reforzó con la proclama correspondiente: "Cuba para los cubanos". La meta de Grau y su gobierno era romper el predominio económico de Estados Unidos sobre Cuba. Sin duda, él no deseaba la estatización de empresas privadas sino, en vez de ello, el reforzamiento de los derechos laborales; ninguna expropiación de propiedad privada, sino regulación de los grandes propietarios y la división de los latifundios. Pese a ello, la "revolución social" despertó indignación en Estados Unidos. Se decía que le comunismo avanzaba y que la propiedad e intereses estadounidenses en la isla estaban amenazados. No se llevó a cabo una intervención militar, pero Grau fue objeto de represalias al negársele a su gobierno el reconocimiento diplomático. Esto impactó fuertemente a los cubanos, pues sin reconocimiento diplomático no podría entrar en vigor el acuerdo azucarero con Estados Unidos.

Si la zafra no se hubiese incrementado de nuevo ese año, el colapso en la economía cubana hubiera sido un hecho. Pero los estadounidenses tampoco querían llegar tan lejos en un asunto que afectaba sus propios intereses. La solución se llamó Fulgencio Batista. El embajador estadounidense en La Habana no mostraba empacho en sentar a su lado al sargento. En un cable, asentó su punto de vista en cuanto a que Batista era el único que gozaba de autoridad en Cuba. Las esperanzas del mundo financiero y los hombres de negocios descansaban en él, puesto que sólo él les parecía capaz de proporcionar la protección necesaria.[30]

Cuando Batista amenazó con dar un golpe de Estado al presidente, en enero de 1934, Grau optó por renunciar. Se formó un nuevo gobierno que logró en sólo cinco días el reconocimiento de Estados Unidos. Con esto vino un nuevo acuerdo comercial, que garantizaba un mercado abierto y estable en el norte para el azúcar cubano. Como concesión honoraria, Washington renunció voluntariamente al Artículo 2 de la Constitución de Cuba, la Enmienda Platt.

Como su antecesor Machado, Grau se fue al exilio. Su

antiguo ministro Antonio Guiteras, responsable por las reformas, se quedó y luchó desde la clandestinidad, con el grupo "Joven Cuba" que él había fundado, contra el gobierno de Batista. Atentados con bombas y actos de sabotaje configuraron un clima de inseguridad. Era justo el punto de partida que el nuevo presidente esperaba para entablar acciones represivas como represalia y así consolidar su fama de hombre fuerte. Sus bonos de simpatía crecieron entre la población. En particular, la clase alta estaba feliz de tener una figura firme, aun cuando a la plutocracia no le agradaba el origen ni la actuación general de Batista. Los Bacardí también se adaptaron a la nueva circunstancia, sobre todo en lo que se relacionaba con la vida sindical. Ésta se había fortalecido luego de la fuga de Machado y a lo largo del gobierno del presidente Grau.

Por fin: Nueva York

La prohibición se levantó en diciembre de 1933 y luego de ella quedaba solamente un gran objetivo para la compañía: posicionar la marca Bacardí en el mercado estadounidense. En virtud de la propaganda verbal de los turistas que viajaban a Cuba y la buena cooperación con los contrabandistas, a finales de la prohibición Bacardí era una referencia para los consumidores de licor en Estados Unidos. Sólo el whisky escocés tenía más demanda que el ron Bacardí. Así, la empresa debía mantener la buena fama del producto y pelear por una mayor participación en el mercado.

El presidente Schueg, primero que nada, inauguró una nueva sucursal en Nueva York, en el Edificio Chrysler de la avenida Lexington. William Julius Dorion, casado con Adelaida Bacardí Cape (una de las hijas del segundo matrimonio de

Emilio), se convirtió en representante de la firma. La elección se produjo porque él, sobrino del presidente de Guatemala, tenía buenos contactos con los empresarios. Además, él vivió mucho tiempo con Adelaida en Nueva York, en el número 511 de la avenida Lexington. Era una residencia demasiado fina para un "químico" y demasiado austera para una heredera de Bacardí. Todos los días, William Dorion tenía fiesta en la suite de sus oficinas. Él consentía a clientes potenciales con cocteles Bacardí, sin ningún compromiso de compra. En consecuencia, la gente buscaba con agrado a Dorion en el edificio Chrysler. No sin ironía, un periodista lo caracterizó en aquella época como "quizá el más feliz de los ejecutivos de ventas en el mundo. Él parece hacerlo todo con tal de impedir amablemente cualquier orden de compra".[31]

José Pepín Bosch fue llamado pronto a la metrópoli, para allí sondear el terreno del negocio estadounidense. De manera similar a lo que sucedió en México, hizo todo lo que era correcto. Lo más importante para él era encontrar cuanto antes un poderoso socio de ventas. Bosch se decidió por la firma Rosenstiel Schenley, que poseía un excelente portafolio de clientes, entre los cuales estaban las populares marcas de whisky Old Quaker, Cream of Kentucky y Golden Wedding, el vermut Noilly Prat y el aperitivo Dubonnet. Las negociaciones con Schenly se prolongaban desde las diez de la mañana hasta las dos de la madrugada siguiente. Esto culminó en un trato perfecto. Los grandes distribuidores de Schenley tomaron en sus manos las ventas de Bacardí. Esto significó que, en lo sucesivo, cada cantina y licorería en Estados Unidos contaría con los productos de Bacardí.

Éste fue el primer golpe de Bosch. En seguida, él se ocupó con pasión en la promoción de la marca. Viajó a lo largo y ancho del país, iniciando y supervisando campañas publicitarias.

También se hizo construir una cantina móvil con cuya ayuda podría demostrar la preparación de un coctel Bacardí en cualquier lugar y a cualquier hora. Cuando estaba de buen humor, revelaba el elemento secreto en la receta del famoso cantinero Jack Doyle: hielo finamente triturado, jugo de limón con el ron Bacardí, todo ello batido hasta que la fría mezcla pareciera un helado. Bosch también consiguió hacer volar al mundialmente famoso Jack Doyle a Nueva York, donde el antiguo cantinero del Sloppy Joe's en La Habana mezclaba extravagantes bebidas para los clientes más selectos.

En 1938, los Bacardí se mudaron al piso 35 del edificio Empire State y abrieron ahí un bar propio que pronto se convirtió en punto de encuentro de los ricos, hermosos y famosos. Aun antes de su inauguración, el bar de paredes decoradas con murales del pintor cubano Gattorno, figuraba en los encabezados de la prensa. Un reportero de la agencia World Telegram quiso realizar un reportaje sobre este artista. Se instruyó a un empleado del bar para que hiciera una revelación ficticia: para plasmar el escenario bucólico, según la versión que llegó al reportero, se transportó a un macho cabrío hasta el mismo piso 35, donde "modeló" para el pintor. Desafortunadamente, el animal se habría escapado para buscar más espacio, causando estragos en la escalera del edificio. La maniobra de relaciones públicas llevó al alcalde de Nueva York, quien a la vez era presidente de la sociedad dueña del Empire Estate, a sacar provecho del asunto. Llamó al bar y pidió ver al macho cabrío. Los empleados, que no querían verse exhibidos, comenzaron a buscar desesperadamente un animal que se pareciera al pintado por Gattorno. Recorrieron más de una docena de granjas en las cercanías de Nueva York hasta que finalmente encontraron a un rumiante que cumplía con los requisitos. Al llegar al edificio, sucedió exactamente lo que decía la historia ficticia: el animal corrió en cuestión de segundos hacia la escalera, donde causó sonoro desorden... "De esta manera, la vida emuló al arte, y un mito se convirtió en historia", concluye lacónicamente Peter Foster.[32]

Un nuevo punto de apoyo en Puerto Rico.
Pequeños problemas, grandes ganancias

La hiperactividad de Pepín Bosch logró que la demanda de ron en Estados Unidos se mantuviera estable. Schenley colocó en 1934 y 1935 sólo 174 mil de las 214 mil cajas que se habían importado, pero a finales de 1937 las existencias en almacén eran de tan sólo ocho mil cajas. Los productores y los importadores podían constatar con gusto que las cifras de ventas de ron Bacardí se incrementaban de manera constante.

Con la creciente demanda, también se fue a la alza la avidez por conseguir nuevas ganancias. El arancel de cinco dólares impuesto a cada galón de ron molestó a los productores cubanos. Bosch buscó un remedio y se le ocurrió una brillante idea. El arancel podía evitarse si el ron destinado al mercado estadounidense se producía en el mismo país de destino. Pero ello le estaba prohibido a los extranjeros. En sociedades comerciales que fabricaban licor, todos los gerentes responsables debían ser de nacionalidad estadounidense. Así, Estados Unidos, no Puerto Rico, surgió como nueva sede de la producción. La isla del Caribe había sufrido un destino similar al de Cuba en lo que respecta a la independencia de la corona de España. También Puerto Rico había sido ocupado por Estados Unidos en el marco de la guerra hispanoamericana. Fue sin duda un episodio irrelevante al margen de los demás acontecimientos. Estados Unidos también reclamó la propiedad de Puerto Rico pero, a diferencia de lo que pasó con Cuba, aquella isla sí fue objeto de anexión a la unión americana. Esto trajo consigo efectos muy positivos para la economía boricua: sus habitantes no tenían que pagar los impuestos federales y, en cambio, sí podían vender sus productos en Estados Unidos libres de arancel. Si así lo deseaban, los puertorriqueños podían solicitar la nacionalidad estadounidense a partir de 1917. Pese a estas ventajas, a los pobladores de Puerto Rico les iba mal, en especial luego de la gran recesión mundial en los años posteriores a 1929. Con su alta tasa de desempleo, Puerto Rico era considerado el hospicio del Caribe. Los puertorriqueños abandonaban su isla por miles para ganar más dinero en Estados Unidos. Por ello, Pepín Bosch fue recibido con los brazos abiertos cuando llegó a Puerto Rico el 2 de febrero de 1936 para comenzar las negociaciones con el gobernador, el ministro de Finanzas y otras personalidades de la isla sobre la construcción de una nueva fábrica de ron. Su oferta sonaba como las bienvenidas inversiones y los puestos de empleo que tanto se necesitaban. Un mes más tarde, la Bacardí Corporation fue inscrita en el registro comercial de Puerto Rico y el 6 de abril de 1936 los cubanos obtuvieron la licencia para elaborar ron. El equipo de producción llegó de Cuba un mes más tarde: Jorge, uno de los dos hijos de Enrique Schueg y dos nietos de Emilio, Guillermo Rodríguez Bacardí y Pedro Lay Bacardí.

La producción comenzó en julio de 1936 y en enero de 1937 se destilaron las primeras muestras de ron. Pepín Bosch había invertido más de seiscientos mil dólares hacia el verano de 1937, por la construcción de la nueva compañía. Entonces, las autoridades puertorriqueñas se sacaron de la manga una disposición que hubiera significado la salida de la firma Bacardí. Conforme a un mandato de mayo de 1936, los rones de marcas internacionales sólo podían ser exportados si contaban con una licencia puertorriqueña anterior al 1 de febrero de 1936. Quedaba prohibida la exportación de ron en recipientes con una capacidad mayor a un galón. La meta de tal disposición estaba clara: impedir que se llenaran botellas de ron en el exterior. La ley estaba dirigida evidentemente a los Bacardí y Pepín Bosch sospechaba que detrás de la maniobra se encontraba un funcionario que esperaba cobrar sobornos a cambio de algunos servicios y que nunca obtuvo el dinero. El gobierno de Puerto Rico justificó la ley con el argumento oficial de que se deseaba proteger a la renaciente industria local contra la competencia de los grandes capitales del extranjero. En mayo de 1937, el mandato fue confirmado por las autoridades estadounidenses.

Así comenzó la batalla de Pepín Bosch por reconquistar el derecho que les había sido garantizado, para producir y exportar ron en Puerto Rico. Un colaborador fue el director editorial del periódico *El Mundo*, Ángel Ramos. Sus argumentos a favor de los Bacardí sonaban tan convincentes que la firma obtuvo fallos favorables desde las primeras diligencias judiciales. Finalmente, se trataba de trescientos puestos de trabajo e ingresos fiscales por cerca de un millón de dólares anuales. El juez de distrito determinó que ambas leyes atentaban contra la libre empresa y, por ello, implicaban una violación a las constituciones de Estados Unidos y Puerto Rico. Bacardí pudo seguir produciendo en Puerto Rico.

México, Nueva York, Puerto Rico; lo que había conseguido Pepín Bosch valía oro. "En lo sucesivo Bosch sería, más que cualquier otro, el responsable por la consolidación del imperio Bacardí. Su relación con la familia solía ser tensa. No se cansaba de recordarle a sus parientes que una cosa era la familia y otra el negocio. Pero no pretendía sermonearlos. Simplemente les decía que los haría ricos, pero que sólo podía lograrlo si no se interponían en su camino."[33] Y como cumplió su promesa, nadie más que él podía convertirse en el sucesor del presidente Enrique Schueg Chassin.

4. "¡LOS HARÉ RICOS!" VICTORIA EN LOS MERCADOS MUNDIALES, DERROTA EN CASA

Con el correr de los años, se volvió cada vez más claro que nadie en la empresa iba a estar a la altura de Pepín Bosch. Esto causaba malestar y envidia en quienes desde la sede central contaban con una oportunidad para acceder a la presidencia del consorcio.

Luis Bacardí Galliard, uno de los hijos de Facundo Miguel Bacardí y Moreau y descendiente directo del fundador Don Facundo, aspiraba a suceder a Enrique Schueg. Pero tenía la idea de que no lo conseguiría por medios propios, así que estableció una alianza con el director José Espín, la mano derecha de Schueg. La benevolencia y confianza de las que gozaba Espín ante el presidente, sobrepasaron con mucho la percepción de los miembros de la familia. Schueg no tenía la mínima intención de favorecer a los descendientes directos. Después de todo, él mismo tuvo que luchar durante década para lograr ser aceptado por los Bacardí. ¿Por qué debería entonces mimarlos con su generosidad?

Juegos de poder

José Pepín Bosch no apreciaba mucho las estrategias de mercadeo ni el estilo de liderazgo de Espín y Luis Bacardí Galliard. La primera confrontación importante entre Bosch y el dúo estalló a finales de los años treinta. Se buscaba la respuesta a la pregunta:

¿tiene sentido un aumento de precios o, por el contrario, sería arriesgado? Bosch se pronunció en contra de los incrementos, pero no pudo con los dos. En este tipo de debates quedaba claro, como lo dijo décadas más tarde al biógrafo familiar Foster, que él no era más que una "fuerza avasallada". Pero esta convicción sólo dio más alas a sus ambiciones. Él sabía que sólo con logros extraordinarios podría llegar a ser presidente de la empresa. La posibilidad de convertirse en "salvador emergente" y sacar provecho de esa oportunidad, vino en 1943.

Luis Bacardí y José Espín reafirmaron su alianza desde que el envejecido Enrique Schueg delegaba en Espín cada vez más facultades de decisión. Desde la perspectiva de Pepín Bosch, esto no era necesariamente positivo para la empresa. Y menos en medio de la tensa situación de los años cuarenta, cuando se consagraron en la nueva constitución los derechos laborales.

Mucho había cambiado, y de manera fundamental, desde 1940. Fulgencio Batista había ganado las elecciones. Estados Unidos pensaba que era el hombre adecuado para tranquilizar a las soliviantadas masas cubanas. Frank Niess describe el papel de Batista a principios de los cuarenta de la siguiente manera:

> Como si un espíritu ilustrador y liberal se hubiese posado sobre el 'hombre fuerte de Cuba', rompió lanzas por la constitución democrática. Puso en un altar las libertades ciudadanas en total concordancia con el modelo estadounidense, dándoles categoría de inalienables. También promulgó una amnistía general y repartió tierras estatales entre los empobrecidos campesinos.[34]

El 10 de octubre de 1940 entró en vigor la nueva constitución con un catálogo ejemplar de derechos elementales. También los derechos sociales estipulados rebasaron las más audaces expectativas de la oposición izquierdista, a la cual pertenecían sobre todo campesinos y obreros. Por ejemplo, la nueva constitución consagraba el derecho al trabajo y el principio de salario igual a trabajo igual, así como la semana laboral de 44 horas, la jornada laboral de ocho horas y el salario mínimo; cuatro semanas de vacaciones al año y el derecho a huelga. Estas reformas sociales, que tenían una visión de futuro, eran tan espectaculares para un país subdesarrollado como Cuba, que incluso los comunistas lograron colocarse en dos ministerios de ese gobierno. Batista, quien provenía de una clase social empobrecida, se convirtió en la imagen de la esperanza para "la gente pequeña". Pero su comportamiento no se diferenció mucho del de sus antecesores. Saqueó las arcas estatales siempre que se le presentó la oportunidad y depositó divisas en Nueva York o en cuentas seguras de Suiza. Compró terrenos en Florida y participó en proyectos lucrativos de construcción en Cuba. En pocas palabras, él mismo se convirtió en un multimillonario durante su mandato.

En la compañía Ron Bacardí, los problemas se habían incrementado con los trabajadores desde la entrada en vigor de la nueva constitución. Los líderes obreros pugnaban por la realización de sus derechos. Sobre todo, demandaban el pago de aumentos salariales vencidos. Era una posición incómoda para los directivos de la firma. Pero Espín y Luis Bacardí mostraron poca disposición a ofrecer concesiones. En 1943, Batista intervino con un decreto que obligaba a la empresa a aumentar los salarios. Bacardí se resistió a la ordenanza e interpuso una demanda contra Batista con el argumento de que violaba los derechos patronales consagrados en la constitución. Batista perdió y debió retirar su decreto, pero respondió con otro más. Bacardí también procedió legalmente contra este recurso y volvió a ganar. Fue una victoria pírrica, pues los trabajadores se sintieron abandonados a su suerte por la empresa. En las calles había pintas que calificaban a los Bacardí de fascistas. La situación parecía un embrollo total. Sólo un hombre podía encontrar una solución: el astuto Bosch, quien hizo justo lo correcto. Él ordenó aumentar los salarios y bonos y tejió una red social en el interior de la empresa para que, por ejemplo, ésta se hiciera cargo de los cuidados médicos en un modo mucho más amplio que el consagrado en los derechos laborales. Los enfermos que no podían ser tratados eficazmente en Santiago eran trasladados a hospitales de especialidades en Estados Unidos.

Si un empleado fallecía, la empresa se hacía cargo de los gastos funerarios. En vez de recibir bonos solamente una vez al año, ahora habría estímulos mensuales además de una gratificación extra con motivo de la Navidad. Los trabajadores con talento especial recibían instrucción adicional con cargo a la empresa. Quizá todo ello tuviera como razón lograr buenas relaciones con los trabajadores y, así, asegurar una buena posición de Bosch en la lucha por la presidencia. Pero también es posible que él se hubiera percatado desde hace tiempo de que los trabajadores leales son un elemento esencial dentro de una política patronal exitosa. En cualquier caso, la acción pacificadora obtuvo el efecto deseado: Pepín Bosch fue elegido primer vicepresidente, un puesto que venía acompañado de todas las facultades de negociación.

Esto no se produjo sin la violenta resistencia de Luis Bacardí. Cuando él se percató de que Bosch sería electo, intervino ante Enrique Schueg y se presentó como candidato alterno. Fracasó. En la decisiva junta de accionistas, Bosch se allegó la cantidad necesaria de votos.

Víctor, hijo de Enrique Schueg, estaba furioso por la posición arrogante de Luis; tanto, que se presentó a la asamblea armado con un revólver. Pero las infidencias de Víctor resultaron más efectivas que el arma, pues instruyó a su hermano político sobre las peculiaridades de los hombres que habían heredado la fortuna Bacardí. Quizá fue por ello que Bosch consiguió dejar congelado a Luis y darle un golpe con guante blanco. Inmediatamente después de la elección, ofreció a su contrincante una estrecha colaboración, e incluso dejarle el título de primer vicepresidente. La oficina podía ser compartida, propuso Bosch, de tal modo que hubiera una mejor comunicación y, además, dada la cercanía, que Luis pudiera aprender de él. Fue un ataque degradante y perverso al cual Luis reaccionó con un cambio de residencia. Se mudó a La Habana y durante más de treinta años no cruzó palabra con Bosch.

Independientemente de las intrigas con Luis, la vicepresidencia de Bosch no estaba libre de impugnaciones dentro de la familia. No se le estimaba, pero eran dignas de respeto sus geniales cualidades como gerente. Así que lo dejaron actuar como quisiera. Para todos, lo más importante era una sola cosa: la cantidad de los dividendos. Y Bosch transmitía de manera confiable que lograría catapultar la fortuna de la familia hasta alcanzar sumas fantásticas. En 1943, ya estaba claro que su apasionada gestión por la empresa tendría un precio: la presidencia. Pero habrían de pasar aún ocho años antes de que se alcanzara la meta.

"¡Los haré ricos!"

Cuando Bosch fue ungido como vicepresidente, el futuro lucía color de rosa a causa de la Segunda Guerra Mundial. El negocio del ron se encontraba en auge, sobre todo en Puerto Rico y en México. El ron del Caribe presentaba una demanda sin precedente, debido a que las importaciones de Europa se encontraban congeladas desde el inicio de la guerra. Los fabricantes estadounidenses de licor estaban obligados a fabricar alcohol industrial.

La excepción eran los productores de ron de Puerto Rico. El ron representaba una de las fuentes de ingresos más importantes del estado isleño, debido también a que los impuestos por ventas en Estados Unidos eran restituidos al gobierno puertorriqueño. No sorprendía, pues, que en la isla se produjera ron a un ritmo por demás acelerado. Naturalmente, los Bacardí pudieron disfrutar el dulce sabor de esta crecida demanda. La fábrica de San Juan consiguió dividendos como nunca antes; diez millones de dólares tan sólo en 1943.

Con este éxito a cuestas, a Pepín Bosch no le resultó difícil finiquitar el contrato con Schenley, en 1944, para fundar en la Madison Avenue de Nueva York la compañía Bacardí Imports. En comparación con los gigantes del mercado licorero —Seagram, National Distillers, Hiriam Walter y Schenley—, Bacardí Imports era un pez pequeño. Mientras los grandes contaban sus ganancias en cientos de millones de dólares, Bacardí Imports apenas consiguió obtener 13.1 millones de dólares en su año inaugural. Pero el paso hacia la independencia fue una demostración de confianza en sí mismos. El mensaje de los cubanos a los líderes del mercado era inconfundible: "Comenzamos la batalla y no les tememos".

El doloroso despertar vino al año siguiente. Durante la guerra, cuando creció notablemente el número de productores de ron en Puerto Rico y en otros lugares, se intentó aumentar la participación de ventas en el mercado estadounidense mediante métodos dudosos. "Para colocar una gran cantidad de ron puertorriqueño en el mercado, los agentes importadores presionaron a los grandes distribuidores", dice Foster.

> Éstos, a su vez, presionaron a los pequeños comerciantes. Debían inducir a sus clientes para que compraran ron puertorriqueño 'en paquete': quien quisiera una botella de escocés debía comprar dos

botellas de ron. La deficiente calidad de algunos productos y el compromiso de compra dejaron en los consumidores estadounidenses un amargo sabor de boca. Cuando se permitió de nuevo la libre importación de whisky y otros licores de importación, el ron puertorriqueño —y con él Bacardí— pagaron el precio.[35]

En los años de la posguerra vinieron notables reducciones en las ventas. Las existencias en almacén aumentaron hasta alcanzar cantidades atemorizantes. En 1947, la ganancia de la fábrica de Puerto Rico alcanzó apenas un millón de dólares. Pepín Bosch reaccionó con al precaución ante la posibilidad de un desastre. Permitió que los grandes distribuidores devolvieran pedidos y con ello se allegó puntos positivos como un socio de negocios justo.

En México, la curva de ventas presentaba una tendencia menos deprimente. Entre 1942 y 1950 prácticamente no hubo fluctuaciones, sino que en principio las cifras iban a la alza constante. En 1947, cuando los licores como el whisky y el coñac pudieron importarse sin problemas, Bacardí consiguió una ganancia de siete millones de pesos. Dos años más tarde ya eran 8.8 millones y en 1950 se sobrepasó la cifra mágica de los 10 millones de pesos. La noticia más alentadora de México era que, luego de la bebida nacional, el tequila, el ron de la firma Bacardí se había colado al número dos de la estadística sobre las marcas más vendidas.

La inestabilidad que siguió a la Segunda Guerra Mundial obligó a los directivos de Bacardí a buscar nuevas reflexiones estratégicas. ¿Qué fuentes de ingresos seguros podrían ser desangradas? ¿En qué áreas de la empresa existían oportunidades no explotadas de crecimiento y, por ende, de generación de ganancias? Bosch incorporó en sus elucubraciones a Hatuey, la cerveza destilada por la familia con bastante éxito al este de la isla. La marca recordaba al cacique indígena Hatuey, que en el siglo XVI encabezó una lucha encarnizada contra el conquistador español Velázquez y finalmente fue ejecutado en la pira fúnebre.

La destilería siempre fue uno de los proyectos preferidos de Enrique Schueg: en familia decía que era "Mi pequeña novia" y se mostró muy orgulloso cuando finalmente comenzó la producción cervecera, en 1927. Desde el principio, contribuyeron a su éxito elementos como los pozos excavados por la misma empresa, dotados con agua de excelente calidad, además de los modernos tanques de acero y los maestros destiladores venidos de Alemania. Más adelante se hizo cargo de la inamovible calidad del producto Joaquín Fernández Bacardí, diplomado en destilación de cerveza. A dos décadas de su inauguración, la destilería Hatuey había conquistado ya un tercio del mercado cubano. Las ventas eran considerables y la marca era reconocida, pero al final los Bacardí no conseguían gran ganancia con la "pequeña novia" del presidente Schueg. Esto cambiaría. Bosch propuso la construcción de una nueva destilería en las cercanías de La Habana y, naturalmente, el consejo aprobó el deseo de su príncipe heredero. El terreno adecuado para la construcción de la fábrica, a la cual se bautizó como Modelo, se encontraba en El Cotorro, a unos quince kilómetros de La Habana. Fue inaugurada en diciembre de 1947 y se convirtió durante mucho tiempo en un objeto de presunción por parte de la familia debido a su ubicación, su tecnología moderna y el ambiente dispuesto con gran sofisticación estética. En un estilo cercano a los folletos publicitarios, el biógrafo Peter Foster describe la destilería como "un monumento a la tecnología, en el cual aspectos como la temperatura y la humedad del aire eran controlados permanentemente. Fue construida con acero inoxidable y cobre pulido sobre un vasto terreno con árboles de caoba y teca, roble blanco y eucalipto. Era un escenario magistral e incomparable".[36]

En los primeros quince meses posteriores a la inauguración de la nueva destilería, que fue calificaba por sus dueños como "orgullo de la nación", se produjeron en El Cotorro 3.5 millones de litros de cerveza; en 1950 se llegó a 22 millones. La familia estaba feliz por los dividendos y pronto Bosch acariciaba la idea de construir una tercera destilería en el centro de la isla.

Muy cerca de El Cotorro vivía en aquel entonces el escritor Ernest Hemingway. En 1939, María Gellhorn y él habían rentado la Finca Vigía, que poco después comprarían y que estaba localizada en una colina aledaña al pueblo de San Francisco de Paula. Pese a que el escritor bebía de preferencia un Papa Doble, especie de daiquiri especialmente creado para él, dejó que algunos de sus héroes literarios tomaran cerveza Hatuey; por ejemplo, Harry Morgan en el relato *Tener o no tener*. Luego de verse timado por el estafador estadounidense Johnson, Harry se encuentra totalmente en bancarrota. Apenas tiene unos centavos para pedir una sopa, un poco de carne y una botella de cerveza en su cantina preferida, La Perla: "Tomé una sopa de frijoles y comí un estofado de res con papas asadas por quince centavos. Con una botella de cerveza Hatuey, la cuenta se cerró en un cuarto de dólar".[37]

Al ganar Hemingway el premio Nobel de Literatura, en 1954, la compañía agradeció al literato por la publicidad gratis, organizando una gran fiesta en los jardines de la destilería Modelo. La organización corrió a cargo del periodista Fernando Campoamor, amigo de Hemingway. Todos fueron: fotógrafos, literatos, periodistas, artistas y pescadores de Cojimar. Los recibió —con acierto publicitario— el maestro de ceremonias Pessino, con las siguientes palabras: "Aquí vienen los pescadores de Cojimar, grandes amigos de un gran escritor y amigos de Hatuey Bacardí. Las empresas se congratulan por su presencia. ¡Bienvenidos, pescadores de Cojimar!". Los invitados festejaron con cerveza de cortesía y daiquiris con Bacardí. De comer se ofreció asado de puerco, plátano frito y arroz. "Cerveza Hatuey saluda a Ernesto Hemingway", se leía en un enorme cartel, profusamente fotografiado. Era imposible imaginar una mejor publicidad para Bacardí.

A finales de los años cuarenta, cuando la destilería Modelo arrojó los primeros grandes dividendos, las consecuencias de la sobreproducción de ron en Puerto Rico cayeron paulatinamente en el olvido y en México crecían las preferencias por la marca Bacardí, Pepín Bosch había conseguido su primer gran objetivo: la Compañía Ron Bacardí era una empresa financieramente sana, con potencial de crecimiento hacia los mercados mundiales.

Chismes de familia

Enrique Schueg Chassin murió en 1951, a la edad de 88 años. Desde 1894 había trabajado en posiciones de alta responsabilidad para la empresa, ocupando a lo largo de veintinueve años la presidencia. Luego de un infarto, en 1946, quedó postrado en una silla de ruedas y ejerció ese cargo de una manera simbólica aunque conservó el título de presidente hasta el final. Sus exequias fueron comparables a las de su hermano político, Emilio, y por tanto fueron todo un acontecimiento. Miles de personas acudieron a dar el último adiós al presidente de Bacardí. Las coronas mortuorias y los arreglos florales tuvieron que ser transportadas en camiones de carga. Entre ellos destacaban una corona del entonces presidente de la nación, Carlos Prío Socorra. El cortejo fúnebre fue encabezado por su yerno José María "Pepín" Bosch y Luis Casero, alcalde de Santiago de Cuba.

Días más tarde, el consejo de la Compañía Ron Bacardí invitó a su príncipe heredero a una junta. En el orden del día: la elección del nuevo presidente. Era un mero trámite, tal como se presentaban las cosas. Finalmente, José Pepín Bosch recibió el título, que en su opinión le correspondía desde hace tiempo. Bosch se mantendría veinticinco años en la cima de la empresa y cumpliría la promesa alguna vez hecha a la familia: hacerlos más ricos que el Clan Guinness, que en los años cuarenta dilapidó con singular alegría los exorbitantes dividendos del auge mundial en el negocio cervecero.

¿Qué hacía tan especial a este hombre, que en la compañía era tan respetado como temido? Era una persona lacónica que comunicaba en pequeñas tarjetas y por escrito aquello que consideraba necesario. Esto era más marcado cuando se trataba de manifestar puntos de vista críticos. Quien descubriera en su escritorio un memorando escrito a mano por Bosch, veía temblar sus manos al abrir el sobre correspondiente. En cambio, el Jefe impresionaba por su comportamiento bien controlado. "Son pocos los que recuerdan algún episodio en el cual Bosch haya perdido los estribos", escribe Peter Foster, quien en 1989, cinco años antes de la muerte de Bosch, sostuvo con éste una larga conversación con el ex presidente de la empresa y a través de la cual llegó a conocerlo muy bien:

> Su talento y liderazgo eran irreprochables. Sus líneas de pensamiento eran un misterio y un motivo de asombro para todos los que trabajaban en la empresa. Siempre salía con propuestas nuevas. En el transcurso de un minuto podía estar maravillado con una propuesta y en seguida rechazarla. Pero siempre replicaba con una nueva idea

o un nuevo proyecto. Tenía un brillante sentido empresarial y una memoria fotográfica.[38]

Aparte, el multitalentoso Bosch podía canalizar las complicadas intenciones y ambiciones de la familia a través de estrategias de mercado, rotación de posiciones, cantidad del flujo de dividendos y mucho más. Cuando un familiar expresaba su intención de emplearse en la empresa, se procuraba complacerlo en la medida de lo posible. Pero Bosch siempre mantuvo la sartén por el mango y decidió siempre en función de sus expectativas. Y quien se aventurara y quizá hasta se resistiera de manera abierta, debía contar con que le sería aplicada la "ruta patriarcal": directo al extranjero, por ejemplo, cuando las intenciones o demandas de algún miembro de la familia no convenían a Bosch. México o Puerto Rico eran buenos lugares para limar los cuernos de los ansiosos herederos y, cuando era necesario, en posiciones de poca relevancia como trabajadores de almacén o en la recepción. De acuerdo con Foster, este tipo de resistencia se dio muy raramente: "Bosch inspiraba un poderoso respeto. Pero cuando no se le obedecía, se corría el riesgo de ser despedido de la empresa. Y ello equivalía a ser excluido de la familia".[39]

Para él, lo más importante era la empresa y esperaba la misma actitud de todos los que trabajaban para él. Cuando Joaquín Bacardí Fernández le solicitó una semana de vacaciones por su luna de miel, Bosch le respondió criticando la cantidad de días libres por matrimonio y limitando a tres los días de descanso por tal motivo: "Vuelas en viernes, te casas el sábado y regresas el domingo", fue la orden del implacable jefe. Joaquín obedeció la orden sin discusiones de por medio.

El amigo más confiable de Pepín Bosch dentro del clan era su hermano político Víctor, que pese a sus excesos con el alcohol había cumplido un buen trabajo como director de área. También gozaba de la confianza de Bosch Daniel Bacardí Rosell, nieto de Emilio. Quizá era la mentalidad orientada hacia el cumplimiento de metas, o su intrepidez y agudeza lo que complacía a Bosch. Ciertamente, miraba con buenos ojos su pasión por el trabajo.

Sin embargo, Daniel debía su entrada a la empresa a una casualidad, así como a la fobia de su tío Antonio por el trabajo. Debido a sus pobres ambiciones académicas, Daniel interrumpió sus estudios de derechos en Estados Unidos y había solicitado trabajo a Enrique Schueg. Éste no mostró entusiasmo y sugirió al joven que había regresado a casa sin diploma que intentara buscar en otra empresa. La alternativa no le resultó atractiva, por lo que el joven heredero prefirió comprar un camión de carga y fundó su propia empresa de transporte. De vez en cuando se aparecía por la oficina de Schueg con el fin de refrendar sus aspiraciones. Antonio Bacardí Fernández, el segundo hijo mayor de José Bacardí y Moreau, también visitaba con frecuencia a su tío, para manifestarle su interés en ocupar una posición en la empresa. Todo el mundo sabía que Antonio era un calavera para quien nada era mejor que invitar rondas de bebidas en los locales de Santiago y que odiaba sobre todas las cosas el trabajo con horario regular. Pero, naturalmente, de algún modo se las arreglaba para guardar las apariencias. Un día coincidieron Antonio y Daniel en la oficina del presidente. Antonio salía y lanzó una mirada de desconsuelo hacia el interior. Luego de saludarse amigablemente, Daniel preguntó a su tío la razón de su mal humor. "Tiene un trabajo para mí", murmuró Antonio. "Se supone que debo trabajar todo el día y presentarme desde la mañana." Daniel, que buscaba con ansia insuperable un empleo en la empresa familiar, tuvo una idea. Propuso a su tío que desistiera de la oferta y que le dejara el puesto prometido. Con alegría desbordante, Antonio aceptó y desapareció comentando que tenía una cita pendiente, por lo que Daniel debía aclarar el asunto frente al presidente, quien escuchó con paciencia y luego suspiró: "¡Ay, la familia!".

Era 1935. Apadrinado por su tío Víctor, ascendió bastante rápido en el organigrama. En 1948, Bosch convirtió al prolífico padre de familia en jefe de la empresa en Santiago y, con ello, en su brazo derecho dentro del imperio Bacardí.

Su esposa, Graciela, no tenía una vida sencilla con el hombre que de manera inconsciente y en ocasiones desvergonzada buscaba compaginar sus intereses empresariales con los placeres de la vida. Durante el carnaval de Santiago, que cada año se celebra en julio, él y otros hombres del clan desaparecían del panorama por durante tres días. Se perdían felices entre la multitud, que consumía ríos de ron Bacardí y cerveza Hatuey. "Con Bacardí siempre es alegría, fiesta y carnaval", anunciaban los carteles publicitarios. Es una promesa con la cual se promociona de manera exitosa al ron de la casa Bacardí. Graciela pensaba que el comportamiento de su esposo era escandaloso y se quejó en una ocasión ante un sacerdote jesuita sobre la desinhibición en la que caían durante esas fiestas los directores y gerentes de Bacardí: "¡Toman con cualquiera, vann detrás de las mulatas y no se permiten la sobriedad!". La señora temía que, con ello, se perdiera el respeto hacia el nombre Bacardí. El prelado la sorprendió con su respuesta: "Olvídalo. ¡Si por eso es que los quieren tanto!".

Pero sobre todo, se les tenía en alta estima por el precio que habían establecido para la calle mejor decorada. Estar ahí era, además, una obligación, lo mismo que para los obreros y empleados que recibían un pago especial al inicio del carnaval para que pudieran celebrar sin tapujos. Era una idea audaz, pues lógicamente el dinero adicional era convertido de inmediato en materia líquida: ron y cerveza.

Las mujeres de la familia tenían menos oportunidad de concretar su deseo de nuevas aventuras. Su carnaval tenía lugar en el Country Club o en una calle cerrada de Vista Alegre, que para los "divinos" días del carnaval lucía "divinamente" acondicionada. Aunque las herederas de Bacardí habían recibido su instrucción en conocidos internados europeos y habían tenido la oportunidad de terminar sus estudios en universidades de Estados Unidos o Canadá, jamás se les hubiera ocurrido intentar involucrarse en la vida empresarial. Se veía con agrado que trabajaran en organizaciones caritativas o que cultivaran sus intereses artísticos. Una hija de Emilio era escultora, otra buscó dedicarse a la literatura. Pero las mujeres nunca eran mejor vistas que en su casa, como madres y grandes damas de los encuentros en sociedad.

Especialmente bien le fue a Enriqueta Bosch, hija de Amalia Bacardí y Moreau y Enrique Schueg, al conciliar su talento y sus intereses. La esposa de Pepín Bosch era una diseñadora de exteriores. Hacía sugerencias y proporcionaba el dinero necesario para llevarlas a cabo, siempre que se tratara de embellecer el aspecto de la ciudad de Santiago. Por ejemplo, los santiagueros tienen que agradecerle el adoquinado del centro de la ciudad. Cada vez que su esposo proyectaba la construcción de una nueva fábrica, ella se preocupaba por el diseño de las áreas verdes o de la instalaciones interiores. Aparte de ello, Enriqueta era muy apreciada en la familia. Era considerada como "la mano que guiaba hacia Bosch". Quien no se sintiera lo suficientemente confiado para hablar con directamente el presidente, lo intentaba a través de Enriqueta. En cualquier caso, al lado de Pepín Bosch había una mujer con corazón e ideas claras en quien el excesivamente receloso Pepín podía confiar completamente.

El tercer hombre de confianza de Bosch era Joaquín Bacardí Fernández. Junto con su hermano, el calavera Antonio, poseía diez por ciento de las acciones. Joaquín era un sólido ejecutivo y por ello gozaba de toda la confianza del príncipe heredero. Del otro lado, las cosas se veían diferentes. Un miembro de la familia confió a Peter Foster que Joaquín sentía miedo de Pepín. A ambos los unía un acontecimiento traumático ocurrido en 1946. Zarpaban de los muelles de Santiago, cuando el yate de Pepín explotó. Joaquín fue arrastrado hacia el agua y Pepín acabó sobre el muelle. Los pulmones de Joaquín tuvieron que ser drenados por la gran cantidad de agua que había tragado, mientras que Pepín de inmediato fue transportado por avión a Estados Unidos para ser operado. Al chocar con el sólido muelle, una de sus piernas resultó demolida. Su vida fue puesta a salvo, pero desde ese accidente caminaba renqueando. En esto recordaba a su suegro Enrique Schueg, quien había tenido un accidente al montar a caballo durante su juventud y por ello arrastraba una pierna al caminar. La broma en Santiago no se hizo esperar luego del accidente de Bosch. Tan pronto como alguien veía a un hombre renqueando, se decía "mira, ahí viene un futuro presidente de Bacardí".

Vuelo hacia la política

La casa Bacardí lucía en orden cuando, en 1950, el presidente Carlos Prío Socarrás preguntó de manera sorpresiva a Bosch si le interesaba el puesto de ministro de Finanzas. Bosch contaba que al principio se negó, pero luego cedió ante la presión del mandatario.

La situación financiera de Cuba era desastrosa. La economía de la isla se había recuperado en los años de la posguerra, a causa de los altos precios mundiales del azúcar. Pero ni Fulgencio Batista (1940-1944) ni Ramón Grau San Martín (1944-1948), luego de que en 1933 estuvo en el poder por espacio de cuatro meses, habían logrado utilizar esta coyuntura positiva durante sus respectivos gobiernos para propiciar el desarrollo económico de Cuba. Como antes, noventa por ciento de las exportaciones cubanas estaban compuestas por el azúcar; esta dependencia se había comprobado fatal desde hacía tiempo. Los especialistas llevaban mucho tiempo exigiendo la diversificación económica, pero no pasó nada. En vez de una industrialización continua, se incrementó la nómina de los empleados estatales, que saltó de sesenta mil en 1943, a doscientos mil en 1950. La corrupción y el abuso de poder pertenecían, como siempre, a la rutina política pese a los juramentos altruistas que cada presidente pronunciaba en su toma de posesión: "No soy yo quien he llegado al poder; ha sido el pueblo", proclamó Ramón Grau San Martín luego de su victoria electoral de 1944. Sin embargo, no pudo sacar adelante las leyes sociales promovidas por él mismo, las cuales resultaban afines a la clase trabajadora. Los prófugos de la Guerra Fría habían arribado entretanto a Cuba y los reformadores sociales caían pronto en la sospecha de servir como "quinta columna del comunismo".

Cualquiera que sea el juicio acerca del gobierno de Prío, Pepín Bosch prestó un buen servicio a su patria en los catorce meses que duró como ministro de Finanzas. A su entrada, el presupuesto presentaba números rojos por dieciocho millones, mientras que el mago de las finanzas dejó las arcas con un saldo positivo de quince millones al despedirse de la encomienda, considerada por muchos como suicida. Con pasión, Bosch intentó dar nuevo aire a ese "establo de Augias". De manera implacable y, sin reparar en personas y privilegios, recuperó deudas fiscales y, en esta cacería, supuestamente se abstuvo de beneficiar a su propia familia. Pese a ello, se dice que le hizo muy feliz el abandonar esa tarea ingrata cuando fue elegido presidente de la empresa, en 1951. La situación política amenazaba con salirse completamente de control.

A finales de los años cuarenta, el recrudecimiento de la lucha por el poder político alcanzó un punto inédito, así como la búsqueda de nuevas fuentes de financiamiento (sobre todo para el propio bolsillo). Con la ayuda de bandas armadas, los políticos y todo aquel que pudiera pagar asesinos a sueldo quitaban del camino a sus contrincantes más acérrimos o acallaban a sus opositores con amenazas constantes. Un nuevo término estaba en boca de todos: el "gangsterismo".

Jesús Menéndez, el líder negro del sindicato azucarero, se convirtió en 1948 en una de las víctimas de la mafia política. Fue acribillado por la espalda en la estación de trenes de Manzanillo, supuestamente por encargo del también dirigente de ese gremio, Eusebio Mujal. Mujal era miembro registrado el Partido Auténtico, al cual pertenecían también los presidentes Grau y Prío. Así, la orden de "calmar" al izquierdista Menéndez, o de callarlo para siempre, vino de muy arriba y convenía a los intereses de los empresarios. La estrategia de intimidación tuvo éxito.

Entre los pocos que luchaban con valor contra la corrupción y el abuso de poder se encontraba Eduardo Chibás, antiguo compañero político de Grau y Prío. En protesta contra toda forma de robo y contra el caos institucional del gobierno, fundó en 1947 su propio partido político: el Partido del Pueblo Cubano, conocido coloquialmente como "los Ortodoxos". Chibás era rico y podía pagarse una emisión radiofónica por semana. Bajo el lema "Honor contra el dinero", despotricaba cada tarde de domingo, durante treinta minutos, contra el gobierno y todos sus cómplices. Denunciaba la ambición y los sobornos, el nepotismo y el cotidiano abuso del poder. Con sus palabras abiertas y críticas, Chibás se ganó el corazón de la gente pobre. Cientos de miles sintonizaban su programa. Su muerte fue tan sorpresiva como espectacular. Luego de hacer un brillante llamado a los cubanos para que de una vez por todas se levantaran contra la represión política, la dependencia económica y la injusticia social, sacó de su bolso una pistola Colt calibre .38 y se disparó. Frank Niess describe así la reacción ante la muerte de Chibás:

> Fue trágico, porque en ese instante su tiempo de transmisión se había terminado. En el aire estaba ya otro programa. Pero la noticia de su acto desesperado se esparció a velocidad vertiginosa en La Habana. La sepultura se convirtió en una manifestación masiva contra el régimen podrido. Antes, en la capital se montó guardia ante el cadáver de Chibás; entre los primeros que lo hicieron figuraba un joven abogado: Fidel Castro.[40]

Fidel Castro pertenecía al grupo de fundadores del Partido del Pueblo Cubano y un año más tarde fue candidato para un puesto como diputado del parlamento cubano. Tenía apenas 25 años de edad. Los Ortodoxos contaban en 1952 con buenas oportunidades para una victoria electoral, sobre todo cuando sus competidores, el partido de "los Auténticos", tenían que luchar contra la pérdida de numerosos miembros a causa del fracaso económico del presidente Prío. El candidato de los Auténticos era Carlos Hevia, que curiosamente tenía nexos cercanos con Pepín Bosch. Hevia dirigía la destilería cervecera de los Bacardí en El Cotorro y, junto con Bosch, había pertenecido al grupo que fracasó en su intento golpista contra el dictador Machado en 1931. Así, Bosch consideró natural apoyar la campaña de Hevia a pesar de que, según se decía, no apreciaba especialmente su capacidad política. Pero la sociedad cubana, sobre todo en la política, vivía bajo el principio de que "una mano lava a la otra". En caso de una victoria de los Auténticos, Bosch podría contar con menores impuestos de exportación y al valor agregado, así como con otras ventajas.

Pero dicha victoria electoral nunca llegó, pues ochenta días antes de los comicios vino el golpe de Estado de Fulgencio Batista, que en esta ocasión llegaba por segunda vez al poder con apoyo del ejército y como representante de los intereses de los barones del azúcar. El 10 de marzo de 1952, el palacio presidencial fue ocupado por los golpistas. El pueblo se deshacía en muestras de júbilo y gritos: "¡Fuera Prío!", proclama Batista: "El pueblo y yo somos los dictadores". Los sindicatos se dejaron obnubilar, mientras los partidos, carentes de orientación y víctimas de la parálisis, permitieron que los acontecimientos siguieran su curso. Sólo uno se defiende: el abogado Fidel Castro, dirigente de las juventudes ortodoxas. Entabla una demanda penal contra Batista y exige su arresto inmediato por desacato a la constitución, motín, alta traición y sedición. A nadie sorprendió que su demanda fuera rechazada.

Naturalmente, nadie podía predecir en este punto el papel que jugaría el entonces joven de 26 años a lo largo de la siguiente década. Nadie lo tomaba en serio. Pero un par de años más tarde, la mafia política establecida se percató de que entre los jóvenes izquierdistas había crecido una generación más combativa y quienes rodeaban a Castro no eran buscadores de empleos públicos ni activistas ansiosos de hacer carrera. Eran hombres jóvenes que tenían una clara idea de las relaciones sociales que prevalecían en la isla. Conocían la miseria de la población rural tan bien como el estilo de vida materialista de la fina y medianamente sedosa sociedad habanera. Su meta era luchar por la justicia social, la democracia y la independencia nacional en la tradición de José Martí.

Los primeros relámpagos políticos se produjeron el 26 de julio de 1953. Durante el legendario carnaval de Santiago de Cuba, 165 rebeldes liderados por Fidel Castro intentaron tomar el Cuartel Moncada, la segunda instalación militar del país. Se obtuvieron armas y luego se intentó convertir Santiago y, paso a paso, toda la región oriente en "zona liberada". Debido a malos entendidos e imprevistos, el asalto fracasa. Ocho rebeldes murieron en el transcurso de la batalla y más de cincuenta fueron fusilados tras haber sido tomados como prisioneros; o bien murieron a causa de serios abusos. Junto con dieciocho compañeros, Castro emprende la retirada hacia las montañas. Ahí, los rebeldes pronto fueron descubiertos. Semanas más tarde fueron enjuiciados y condenados a pasar años en prisión. "La historia me absolverá", concluyó Fidel Castro en el cierre de su defensa jurídica, en la cual lanzó serias imputaciones contra Fulgencio Batista y abogó por "el derecho a la resistencia contra un despotismo brutal y vergonzoso".[41]

Fidel Castro y el resto de los miembros cautivos del Movimiento 26 son trasladados a la llamada Cárcel Modelo de la Isla de los Pinos, donde Castro permanece un total de 22 meses, 19 de ellos en confinamiento solitario. Era tiempo suficiente para preparar su vida posterior. Debido a una amnistía que Fulgencio Batista ordena en el marco de su reelección de 1954, los presos políticos fueron liberados en 1955. El verano de ese mismo año, Castro exilia en México y arriba de nuevo el 2 de diciembre de 1956 en el buque *Granma* a la costa suroeste de Cuba, donde comienza de nuevo la lucha con una docena de guerrilleros. En 1956, nadie contaba con que, en un lapso menor a diez años, estos "jóvenes salvajes" conseguirían cambiar por completo las relaciones sociales en Cuba, establecer un régimen socialista y permanecer por mucho más de cuarenta años en el poder. Así fue como Castro y sus amigos rebeldes, llamados "barbudos" por sus crecidas barbas, se allegaban simpatías. Mientras más terror y anarquía reinaban durante el régimen de Batista, más grande era el número de "fidelistas": aquellos ciudadanos que esperaban el derrocamiento de la dictadura a través de quienes luchaban en las montañas.

En Santiago, miembros de la familia Bacardí, así como algunos miembros de la fábrica de ron y la destilería de cerveza, se contaban entre los simpatizantes del Movimiento 26. Para Pepín Bosch, quien había rechazado a Batista desde su primer gobierno, la resistencia contra el dictador era obvia. Naturalmente, estaba convencido de las leyes de mercado capitalistas y despreciaba todos los aspectos de la base de pensamiento socialista. Pero percibió que las contradicciones sociales —por un lado la hambrienta población rural y, por otro, el despilfarro y la superficialidad de las ciudades— constituían un auténtico polvorín a largo plazo. Nada dañaba más al mercado que la inestabilidad social, las huelgas, los asesinatos y las ejecuciones en las calles. Sobre todo, las luchas laborales eran —y siguen siendo— un veneno para los balances financieros.

Desde antes de su salida del gabinete de Prío, Bosch había intentado mantener a raya a los trabajadores de Bacardí a través de un programa de prestaciones sociales generosas. Tras su elección como presidente de Ron Bacardí, prosiguió con esta estrategia. Un modelo de participación sería una solución para ayudar a los trabajadores a construir su propio capital. Para este propósito fue establecida una sociedad con el nombre de Minera Occidental. Se repartió entre los trabajadores un paquete de acciones con valor de diez pesos cada una. Desde la perspectiva crítica del periodista colombiano Hernando Calvo Ospina, esta maniobra era casi un acto deshonesto:

Puesto que la empresa supuestamente crearía puestos de trabajo, estaría libre de impuestos por concepto de material y maquinaria. Minera Occidental taladró un par de metros de túnel y luego se declaró en bancarrota. Para entonces, la mayor parte de la maquinaria importada ya había sido vendida a los productores de ron. Uno de los deportes preferidos de las grandes sociedades capitalistas consiste en llevar a cabo prácticas perversas para evitar el pago de impuestos o conseguir ganancias. En este caso, la canallada consistía en que Bacardí se quedó con el dinero que los trabajadores habían confiado al canto de las sirenas: una suma que era como una gota en el océano, en comparación con el capital del consorcio de ron. Tras la muerte de su padre, Pepe Hernández (hoy director del Museo del Ron en Santiago), intentó hacer valedero el certificado que fue firmado por el propio Pepín Bosch. El hombre fuerte de Bacardí le dio una respuesta sobria: le mostró a Hernández un papel firmado por el padre de éste, en el cual nombraba a Pepín Bosch como su heredero universal.[42]

Fidel Castro

Los negocios de Bacardí continuaron en buena forma luego del retorno de Pepín Bosch, pero tras el golpe de Batista y la ofensiva del Movimiento 26 sobre el Cuartel Moncada, la vida se volvió de pronto incómoda en la isla, que ya a principios de los años cincuenta era considerada como el centro mundial del crimen. En nombre de la ley desaparecían personas, en el de la mafia se perpetraba la extorsión y el asesinato y en el de la Revolución —cualquiera que ésta fuera— florecía el secuestro. El comercio de estupefacientes dejaba ganancias astronómicas. La Habana era de los puntos preferidos para la distribución de heroína y cocaína; los casinos y prostíbulos permitían lavar el dinero sucio sin mayores problemas.

Acaso se trataba de un crepúsculo para todos aquellos que tenían dinero suficiente como para dilapidarlo en los sitios de esparcimiento, en Daiquiris, Mojitos, fichas de apuesta y mujeres suntuosas. Estrellas de cine estadounidense, artistas y escritores vivían un romance con la bulliciosa atmósfera de La Habana y a menudo se quedaban semanas en la isla. El punto favorito de encuentro era el bar Floridita de la calle Obispo, visitado desde los años treinta por Hemingway, al donde acudían celebridades como Ava Gardner, Errol Flynn, Robert Taylor, Marlene Dietrich, Barbara Stanwyck y Spencer Tracy.

Incluso los privilegiados Bacardí sufrieron el cambio brutal de la vida cotidiana. En 1954, uno de los hijos del vicepresidente de Bacardí, Daniel Bacardí Rossell, fue secuestrado camino a la escuela. Todo Santiago puso manos a la obra en la búsqueda del pequeño. Los propios Bacardí movilizaron fuerzas de ayuda de todos los sectores sociales; cientos de soldados, bomberos y policías peinaron la zona circunvecina a la ciudad. Helicópteros de la base militar de Guantánamo sobrevolaron las colinas cercanas, cubiertas de vegetación. En principio, se detuvo al chofer que diariamente llevaba a la escuela a los niños de la familia Bacardí Rossell. Pero el mismo día fue localizado el secuestrador con el niño en las cercanías de Santiago. El pequeño fue entregado a sus padres sin haber sufrido lesiones. Sobre el desenlace de esta historia hay diferentes versiones. Una señala que el secuestrador estaba armado y que fue ejecutado al tratar de huir. Otra, que el criminal no llevaba arma alguna. Una tercera versión indica que el chofer fue torturado hasta la muerte durante su detención; otra más, que el chofer intentó huir cuando quedó claro que conocía detalles del secuestro y que fue fusilado durante su fuga. Como quiera que sea, el ilustra el clima político y social de aquellos años. El estado de derecho era un concepto totalmente ajeno. En Cuba gobernaban el dinero y el revólver.

El intento de Fidel Castro por tomar el Cuartel Moncada se considera hasta nuestros días el inicio de la revolución cubana. Para hombres como Pepín Bosch, que en su juventud habían participado en revueltas, no resultaba de gran impacto que alguien persiguiera el cambio de las estructuras políticas a través de las armas, ni que hombres jóvenes de todas las clases sociales se incorporaran a la lucha social y se pronunciaran por mayores libertades e igualdad, poniendo su vida en riesgo. Al contrario: cuando Fidel Castro y sus guerrilleros se replegaron en las montañas, Bosch sintió que recordaba los ideales de su juventud. Compartía la opinión de Castro en cuanto a que el ciudadano tiene derecho de resistirse a una tiranía. Y lo comprobó al pagar los gastos funerarios de trece miembros del Movimiento 26 caídos en la batalla. Fue como una profesión de fe.

Entonces llegó el año 1956. El 2 de diciembre arriba a la costa suroeste de Cuba el buque Granma, que había zarpado de México. No era el destino previsto debido a las tormentosas condiciones del clima. Soldados de Batista dispararon contra la nave. De los 86 rebeldes que habían salido de México para liberar a Cuba del tirano, sólo sobrevivieron 15. Entre ellos, Ernesto Che Guevara, el mítico héroe de la revolución cubana. El grupo se refugió en las montañas de Sierra Maestra, desde donde comenzó la lucha revolucionaria. No hay gran distancia entre Santiago y la sierra. Los rebeldes pronto consiguieron acceso a los jóvenes de la ciudad. Éstos son quienes llevaron a los guerrilleros los artículos y alimentos necesarios para sobrevivir, así como armas. Algunos se quedaron. Entre estos intermediarios estaba Vilma Espín, hija de José Espín, ejecutivo de Bacardí. A la postre, ella se casaría con Raúl Castro, hermano de Fidel, y se convertiría así en la primera dama de Cuba. Los adolescentes

Bacardí hacían entusiastas colectas escolares para los "barbudos" de las montañas. Pero los padres y demás parientes observaban con cuidado hasta dónde llegaban los jóvenes. Quien se pronunciara efusivamente a favor de la Revolución era sacado de circulación y enviado a La Habana o a Estados Unidos. Uno de ellos fue Roberto del Rosal, bisnieto de Emilio.

Mientras los jóvenes Bacardí se mostraban maravillados con la Revolución, los más viejos se involucraban en la lucha contra Batista en formas oscuras y diversas. Bosch siempre contribuyó con dinero cuando se trataba de conseguir armas o de mandar al extranjero a alguien para quien la permanencia en Cuba resultara demasiado peligrosa. Uno de los contactos de la resistencia en La Habana era Guillermo Mármol, abogado de la firma y hombre de confianza de Bosch en sus días como ministro de Finanzas. Pepín Bosch hizo posible también la llegada del reportero estadounidense Herbert L. Matthews. Éste debía realizar entrevistas con Fidel Castro y otros líderes rebeldes para el *New York Times*, con el fin de lograr la simpatía estadounidense hacia el golpe contra Batista. Bosch dio por sentado que este golpe pasaba por Estados Unidos. De acuerdo con su percepción, el gobierno de Estados Unidos necesitaba conocer las metas revolucionarias, así como tener un panorama más claro de las alternativas. Sólo así permitirían la caída de Batista. Los esfuerzos de Bosch no buscaban entronizar a Fidel Castro sino, sobre todo, la salida del odiado Batista. Matthews no fue el único periodista apoyado por Bosch. También fue incorporado a la campaña antiBatista el coronel Jules Dubois, del *Chicago Tribune*. En un breve encuentro entre el empresario y este periodista se produjo el siguiente diálogo, citado por Peter Foster: "Qué bueno que haya venido esta tarde", dijo Pepín. "Hoy por la mañana, simpatizantes de Fidel Castro mataron a un soldado que se encontraba a bordo de un autobús. Su llegada quizá impedirá que la policía y el ejército detengan a otros cuatro jóvenes y los maten en represalia."⁴³

Esa misma tarde, una cena secreta fue organizada para Dubois en el Country Club de el Caney. Estuvieron presentes, entre otros, Pepín Bosch, Daniel Bacardí Rosell —entonces presidente de la Cámara de Comercio—, Manuel Urrutia —el único juez que se negó a emitir condena contra Fidel Castro en 1953—, un prominente sacerdote católico, el rector de la universidad, el presidente del club de Leones y del Rotario, así como importantes personalidades de la sociedad. Dubois notó una silla vacía al final de la larga mesa. Sobre ésta, un cubierto y el letrero RESERVADO. Fernando Ojeda, exportador de café que estaba encargado de presidir la sesión, aclaró a Dubois por qué se trataba ésta. "Uno de nuestros compatriotas quería estar presente esta tarde y participar en esta comida en su honor. Lamenta no poder venir. Lo entendemos y aceptamos sus disculpas pues ha tenido que llevar a cabo una importante misión por Cuba. Su nombre es Fidel Castro."⁴⁴

Bacardí contra Batista. Bosch juega al póquer

Bosch, que también movía algunos hilos en estos encuentros de las fuerzas opositoras, vivía en riesgo. Batista lo había desenmascarado como uno de sus enemigos más comprometidos.

En marzo de 1957, estudiantes del grupo revolucionario Directorio Estudiante intentan tomar el palacio presidencial y asesinar a Batista. El golpe fracasa porque los revolucionarios se pierden dentro del palacio. El presidente consiguió librarse en medio del terror y el líder del grupo fue fusilado. En las semanas que siguieron, Batista recibió un torrente de parabienes. Representantes de casi todas las organizaciones y uniones hacían patente cuán detestable consideraban el ataque y cuán felices estaban de que el presidente hubiera sobrevivido al ataque. La casa Bacardí calló. Batista comenzó a apretar el cuello a los Bacardí. Por encargo del presidente, un senador solicitó que la empresa aclarara cuál era el punto de vista de los fabricantes de ron acerca del atentado fallido. Bosch no reaccionó. El senador se mantuvo y propuso una entrevista en la cual Bosch confirmara su condena al "abominable" atentado. De nuevo, Bosch se negó. Se concretó a señalar que todo aquel que usurpara el poder debería permanecer alerta. En ese caso, aclaró el senador, el gobierno no podría seguir garantizando la seguridad de Bosch.[45]

Su reacción fue precisa. Con confianza en sí mismo, él decía que nadie se atrevería a asesinarlo. Además, no temía. Pero el presidente de Bacardí estaba permanentemente en guardia. Todos los días esperaba encontrarse con represalias en la forma de incrementos fiscales u otras medidas dañinas para la empresa. Los intentos de intimidación del gobierno, sin embargo, no se enfocaron al negocio sino a la familia. Sin que existiera causa alguna, en una ocasión fue arrestado el hijo menor de Bosch, Carlos, quien era dueño de una granja de gallinas y puercos. El padre, Pepín, se encontraba en viaje de negocios por México pero, en cuanto se enteró de la noticia, viajó de regreso a Cuba para apoyar a su hijo. Cuando llegó, el joven ya había sido liberado. Su tío Víctor había movido todas las palancas necesarias para ayudar a su sobrino. Pero al padre le tenían preparada en una emboscada. Desde el alto mando de las fuerzas armadas, en el Cuartel Moncada, le fue enviada una propuesta para ponerse a la cabeza de un golpe contra Batista. Bosch empacó de inmediato y dejó el país. Hoy sabemos que se llevó documentos importantes documentos consigo. Voló hacia las Bahamas para registrar ahí la marca comercial Bacardí. Este movimiento, realizado y decidido de manera estrictamente personal, más tarde aseguró el registro internacional de la marca para la empresa y hasta nuestros días es celebrado por la familia como un "acto heroico".

También Daniel Bacardí Rosell, vicepresidente de la empresa y representante de Bosch durante su ausencia, a menudo enseñaba de qué lado político latía su corazón. En 1957, cuando fue asesinado a los 23 años el dirigente estudiantil y compañero de lucha de Fidel Castro, Frank País, en la ciudad se produjeron manifestaciones masivas. Al día siguiente del sepelio, se convocó a una huelga general. Uno de los patrocinadores y organizadores del movimiento fue el presidente de la cámara local de Comercio, Daniel Bacardí Rosell. Días más tarde, un grupo de soldados irrumpió en la villa del directivo de Bacardí y exigió la firma de un documento en el cual Daniel exigía que los trabajadores reanudaran sus labores. Si bien él se negó a otorgar la firma, a la mañana siguiente apareció un artículo en el que se conminaba a los trabajadores para que levantaran la huelga. El autor: Daniel Bacardí Rosell.

La situación siguió complicándose. El dictador Batista se ponía cada vez más a la defensiva, sobre todo porque Estados Unidos dejó de suministrarle armas en marzo de 1958. Decepcionado, Batista reaccionó con actos de represión al interior y así arrojó a los cubanos a los brazos de Fidel Castro. Los planes de éste para una nueva Cuba sonaban bien. Tras la victoria, él quería reinstituir la constitución liberal social de 1940. Prometió elecciones libres y reformas sociales.

Lo que Castro no prometió fue bienestar para todos y crecimiento económico, pese a que la clase media hubiera querido saber más acerca de sus perspectivas económicas hacia el futuro. A finales de los años cincuenta, las condiciones de vida de la clase media burguesa se habían deteriorado notablemente. La inflación aumentaba constantemente, pero los salarios no. Los cubanos tenían un buen nivel de vida, si se le comparaba con otros países de América Latina y, sobre todo, si se tomaban en cuenta estadísticas sobre la presencia en los hogares de aparatos televisores, teléfonos o automóviles. Pero los patrones de consumo y el estilo general de vida de la población urbana se orientaban hacia el vecino del norte. La clase media deseaba vivir como el estadounidense promedio y con ello se olvidó de la brecha social en su propio país. En los pueblos cubanos se vivía una pobreza agraviante. La mayoría de los campesinos estaban desnutridos o nutridos irregularmente, debido a que productos como el pescado, la leche o el huevo eran para la población de las ciudades. Los servicios de salud y el abasto de medicinas era insuficiente. Había pocas y malas escuelas. Casi dos tercios de la población rural era analfabeta. Casi sesenta por ciento de la población rural sufría desempleo o estaban subempleados; entre ellos se encontraban los cortadores de caña que sólo percibían pago por temporadas.

Así, en 1958, Fidel Castro lucía ante la mayoría de la población cubana como una alternativa a Batista. Nadie dudaba de su liderazgo. Lo que se sabía sobre las batallas en las montañas era tan impresionante que incluso la oposición burguesa vio en él un salvador. En el verano de 1957, a pocos meses del inicio de las batallas en la sierra, diferentes fuerzas comenzaron a cortejarlo. Felipe Pazos, antiguo presidente del Banco Nacional Cubano, y Raúl Chibás, hermano del político suicida Eduardo Chibás, se colocaron en la cima del llamado "amplio frente civil revolucionario" con el Manifiesto de la Sierra, que había sido negociado con Castro. Siempre que Pazos, quien había conocido a Pepín Bosch desde sus tiempos estudiantiles, solicitaba fondos al presidente de Bacardí para la "causa revolucionaria", los obtenía sin mayores esfuerzos.

Pasó todavía un año para que el gobierno de Washington también se diera cuenta de que quien durante años había sido su aliado en La Habana no tenía salvación. La turba prendió fuego a los campos azucareros y los actos de sabotaje hicieron tan inseguras las ciudades cubanas que prácticamente no había turistas en Cuba. En el ejército se producían conspiraciones y en las fábricas una huelga seguía a otra. Fue entonces cuando el gobierno de Estados Unidos se percató de que tenía que tomar posición al respecto. La decisión fue en favor de Castro, pues la mayoría del pueblo cubano, pobres o ricos, estaba con el comandante y sus guerrilleros barbados. En 1958, incluso el Partido Comunista reconoció el liderazgo de Castro en la lucha contra Batista.

En declaraciones posteriores al periodista Peter Foster, Bosch afirmaba que desde ese momento la Revolución le causaba desconfianza, pese al apoyo financiero e idealista que hizo llegar a los barbados. Posiblemente vio en la entrevistas con Castro, que se publicaban regularmente en el *New York Times*, algunas reservas hacia Estados Unidos y resentimientos contra la plutocracia cubana. El temor de que Fidel Castro no fuera el hombre adecuado para conducir Cuba luego del triunfo de la revolución era compartido por numerosos diplomáticos estadounidenses, entre ellos el embajador William Pawley. Éste promovía la idea de establecer un gobierno interino compuesto por cinco personas. No sorprende que Pepín Bosch figurara en dicha lista, puesto que era muy amigo de Pawley. El 9 de diciembre de 1958, Pawley charló durante tres horas con el dictador Batista con el fin de convencerlo de que debía salir de Cuba. Fue en vano. El diplomático asentó en su informe:

> Le ofrecí que se trasladara a vivir con su familia a Daytona Beach, para que ni él ni su familia fueran molestados, así como que haríamos

todo lo posible para impedir que el comunista Fidel Castro llegara al poder. También le dijimos que el gobierno interino estaría conformado por hombres que eran sus enemigos.[46]

Batista rechazó por completo las propuestas de Pawley. Ocho días más tarde, se enteró por la voz del embajador Earl Smith de que Washington deseaba su renuncia, puesto que había perdido el control del país. La noche del 1 de enero de 1959, el dictador abandonó Cuba rumbo a República Dominicana con un equipaje de veinte maletas supuestamente llenas de dólares. En los ocho años de su gobierno, Batista habría amasado una fortuna de más de cuatrocientos millones de dólares. El 1 de enero de 1959, los victoriosos guerrilleros marcharon en La Habana en medio del júbilo de cientos de miles de personas. Una nueva era comenzaba, tanto para los cubanos como para los Bacardí.

*La victoria de la Revolución. Cambio de
ruta en la casa Bacardí*

Mientras Bosch mantenía ciertas reservas respecto de Castro, la victoria de los barbudos fue festejada efusivamente en El Cotorro. El triunfo de Fidel Castro llega a todo el país y por ello se le prepara un gran festín. El Cotorro está ubicado rumbo a La Habana y se esperaba que el comandante hiciera ahí una parada en su camino. En el puesto de vigilancia a la entrada se colgó una enorme pancarta con saludos de bienvenida y palabras de agradecimiento. La sirena de la fábrica saluda al convoy de héroes; los trabajadores y empleados administrativos festejan, pero el comandante pasa por el lugar sin detenerse. La decepción es grande y no será la única de aquellos años. Ese mismo día, Joaquín Bacardí Fernández dice al corresponsal del Herald

Tribune: "Es lo más maravilloso que he visto o que había esperado ver en la vida. Cuba ahora es libre y espero que esto se mantenga por mucho tiempo". También en la fachada del edificio de La Habana colgaba una pancarta con el lema: "¡Gracias, Fidel!".

Pero parecía que Castro no guardaba una simpatía especial por la familia de empresarios Bacardí y otros representantes de la gran burguesía. En cualquier caso, Daniel Bacardí Rosell también estaba ligeramente decepcionado de que Fidel Castro casi lo hubiera ignorado durante su primera recepción oficial. La misma extrañeza acusaron los demás empresarios y hombres de negocios por el hecho de que Castro apenas les hubiera dirigido la mirada. Qué ingratitud hacia quienes, finalmente, ofrecieron su apoyo financiero y algunas víctimas a "la causa". Daniel, por ejemplo, ofreció refugio en más de una ocasión a fidelistas perseguidos. Hubo algún consuelo en el hecho de que el juez Manuel Urrutia, uno de ellos, hubiera sido nombrado presidente el mismo 1 de enero de 1959. Era un honor para toda la región oriente.

Al principio, parecía que Fidel Castro no deseaba afectar a nadie. Los liberales cubanos fueron colocados en el servicio público, incluso en altos puestos. El propio Castro se abstuvo de ocupar una función pública. Le bastaba, se decía, con ser el jefe de las fuerzas armadas. Pero estaba escrito que la alianza entre los liberales-burgueses y las fuerzas revolucionarias no duraría mucho tiempo, sobre todo cuando Castro, inmediatamente después de su toma de poder, prohibió los partidos políticos civiles. Sólo estaba permitido el movimiento M-26-7, el Directorio estudiantil y el partido socialista PSP. Los tiempos no parecían haber madurado lo suficiente como para intentar el tránsito hacia la "tercera vía", la que correría "entre el capitalismo que condena a los hombres a la inanición y el comunismo, que resuelve los problemas sociales pero reprime la libertad que tan cara les resulta. No estamos de acuerdo ni con unos ni con los otros. Nuestra revolución no es roja, sino verde olivo. Lleva los colores del ejército rebelde de la Sierra Maestra".[47]

El camino verde olivo comenzó a manifestarse en febrero de 1959 con una bofetada a la clase alta. Luego de algunos desacuerdos con Miró Cardona, representante de los Auténticos, Castro ocupó la oficina del primer ministro. Su primera reforma consistió en limitar la propiedad a cuatrocientas hectáreas. La clase media y la "resistencia civil" reaccionaron estupefactas y también en Estados Unidos seguían los acontecimientos con atención, pues la ley afectaba sobre todo a las compañías azucareras estadounidenses. En marzo de 1959, las rentas se redujeron a la mitad y las compañías telefónicas se hicieron propiedad del Estado. El precio del suministro eléctrico fue rebajado drásticamente, así como los medicamentos, mientras se decretó un aumento salarial para los trabajadores azucareros. Aun así, Castro reaccionaba a la defensiva cuando se le atribuían motivaciones comunistas. En estos casos, se remitía a su declaración de 1958, según la cual la expropiación de la economía inhibía la iniciativa de los empresarios privados y, por ello, no tenía sentido. Para abril de 1959, Estados Unidos consideraba un hecho que en Cuba gobernaba una cabeza arbitraria en el aspecto político. Durante un viaje a Estados Unidos, por invitación de la Asociación de Editores de Periódicos, dejó ver que Cuba podría sobrevivir sin los fondos del Banco Mundial y del Fondo Monetario Internacional, así como sin la ayuda financiera de Estados Unidos. El presidente Eisenhower y el vicepresidente Richard Nixon tomaron nota del credo cubano, pero no manifestaron si Castro les parecía peligroso o no.

En su recorrido, Castro se hizo acompañar por Pepín Bosch y Daniel Bacardí Rosell, entre otros notables especialistas de la economía. Bosch informó posteriormente que había intentado cancelar su participación en el viaje debido a exceso de compromisos laborales. Pero Castro se negó a abstenerse de su compañía. En su biografía, Peter Foster describe la posición de ambos personajes:

> Castro se sentó junto a Bosch y le solicitó su ayuda. Hablaron por espacio de dos horas. Castro preguntó cómo podría llevarse a cabo la industrialización de Cuba. La isla poseía hierro y molibdeno. Bosch mencionó el potencial para la explotación de tipos especiales de acero. Castro parecía interesado, pero insistía en preguntar: "¿Podemos dejar fuera a Estados Unidos?". Estaba obsesionado con esta idea. Cuando hablaron sobre el mercado laboral, Bosch dijo que era peligroso que el gobierno controlara a los sindicatos. Batista lo había hecho y ahora el nuevo gobierno quería emularlo. También mencionó que en Cuba debían celebrarse elecciones, pues de ello dependía que la libertad fuera auténtica. Cuando pronunció la palabra "libertad", Castro se levantó para sentarse en otra parte. Ambos hombres nunca volvieron a hablar.[48]

Fueron, como lo confesó el propio Bosch a Foster tres décadas después, las horas más importantes de su vida. En este encuentro entre el cielo y el infierno, el presidente de Bacardí llegó a la convicción de que Castro iba sumamente en serio en su ruta hacia el comunismo.

Luego de su llegada a Estados Unidos, Bosch alegó malestares físicos para dejar al jefe de Estado con sus compromisos. Al parecer, Castro tampoco tenía necesidad de mayor comunicación con el "superliberal". Entonces, recuerda Bosch en su conversación con Foster, voló a Nueva York para informar a sus colaboradores de la sucursal de Bacardí sobre sus amenazantes descubrimientos. Posteriormente se trasladó a Washington para alimentar una percepción negativa sobre Castro en la Casa Blanca. Si la historia contada por él mismo es cierta, la maniobra de Bosch constituiría uno de los episodios más riesgosos en cuanto a un cambio de vía política. Pero, como quedaría demostrado en años posteriores, el presidente de Bacardí era un maestro en detectar vías alternas. Una y otra vez consiguió, a través de diferentes muestras de ingenio, imponer sus intereses y convertir sus visiones en un plato apetitoso para los "hombres de la primera fila". En este caso, el intermediario era el secretario de Estado Christian Herter, quien en una comida clandestina escuchó el plan de Bosch para derrocar a Castro. Más que una colaboración con el gobierno, Bosch quería preparar la rápida sustitución del comandante. Foster escribe: "La propuesta supuestamente llegó al presidente Dwight Eisenhower, pero fue rechazada". Entonces, de manera un tanto patética, el biógrafo agrega: "Pepín Bosch estaba abiertamente dispuesto a arriesgar su vida, con tal de enfrentar el terrible peligro que veía cernirse sobre Cuba".[49]

Entretanto, Fidel Castro viaja a lo largo y ancho de Estados Unidos y repite en innumerables ocasiones que no es comunista y que no tiene intención de confiscar propiedades de extranjeros en Cuba. A las preguntas más incisivas sobre la realización de elecciones, contestaba con la misma fórmula: "Primero la Revolución, luego las elecciones".

De regreso en Cuba, Pepín Bosch parecía ser el único que pensaba que Castro llevaba a Cuba directamente hacia el comunismo. Muchos miembros de la familia y ejecutivos de la empresa estaban convencidos de que había que conceder tiempo al comandante y sus barbudos. Hubo algunas miradas de preocupación hacia La Habana, cuando antiguos colaboradores de Batista y los llamados "contrarrevolucionarios" fueron sometidos a juicios sumarios y ejecutados. Pero aun así se opinaba que estos ordenamientos eran lo correcto para la conducción revolucionaria. Las dudas se multiplicaron sólo cuando el antiguo comandante Hugo Matos fue exhibido como contrarrevolucionario y condenado a veintidós años de cárcel. Se le acusó de tener contacto con Eloy Gutiérrez Menoyo, quien dirigía un grupo armado anticastrista en la sierra Escambray. Menoyo había peleado con Castro en la sierra Maestra, pero estaba decepcionado de que sus ideales políticos no se habían realizado en la nueva Cuba. Él había arriesgado su vida por la libertad, la democracia y la dignidad humana, no para la construcción de un estado socialista.

La inflexible política de redistribución y la creciente represión causaron que el primer ministro Manuel Urrutia renunciara en 1959. Castro mismo asumió esta función y despidió a otros representantes de la burguesía; entre ellos a Felipe Pazos, quien se esforzó con avidez por conseguir fondos para la compra de armas destinadas a los rebeldes. Su puesto como jefe del Banco Nacional fue ocupado por Ernesto Che Guevara, quien al mismo tiempo era responsable de la cartera de Desarrollo Industrial. Pero también esta maniobra fue tomada con ligereza por Estados Unidos. Rino Puig, un director de ventas de Bacardí, en alguna ocasión mencionó ante un alto mando de la base militar de Guantánamo, que Castro era un comunista. El oficial estadounidense le contestó: "No creo que esto sea un comunismo real. Para mí, esta Revolución es como una tormenta tropical: se embravece, pero luego se va".[50]

Pepín Bosch estaba lejos de tal indiferencia, pero tampoco pensaba que Castro permanecería tanto tiempo en el poder. En vista de la historia cubana, esta perspectiva lucía muy improbable. Así, el mensaje que entre líneas emitió Bosch en su cierre del ejercicio 1959, sonaba incluso combativo. Recordó que en Bacardí siempre había habido personas involucradas en la lucha por la libertad, la democracia y la dignidad humana, y manifestaba su esperanza de que así sería también en el futuro. "Pondremos todas las víctimas y afrontaremos todos los riesgos por nuestra nación, sin esperar nada a cambio. Nadie puede predecir el futuro, pero les deseo a todos mucha suerte, lleno de esperanza en que lo mejor vendrá para cada uno de ustedes."[51]

Sería un año funesto para los Bacardí y otras familias de empresarios. Un año en que fluyeron más lágrimas que dividendos.

Los debates que tenían lugar en desayunos dominicales u otros encuentros familiares, acerca del curso del castrismo, eran tan intensos que la familia Comas, residente en La Habana, decidió no hablar más de política en la mesa. Había muchas cosas de qué charlar cuando la familia se juntaba. La política se mantenía claramente en segundo plano si, por ejemplo, Daniel Bacardí Rosell visitaba a su hermana Ana María en capital y llevaba solamente a algunos de sus nueve hijos, quienes se juntaban con sus cinco primos y primas en la casa Comas. Como quiera que sea, la pregunta de si el camino de Castro conducía al comunismo resultaba atractiva para los adolescentes, entre ellos los gemelos Toten y Adolfo Comas Bacardí. Ellos estaban, como recuerda Adolfo, maravillados con los machos con barbas espesas y armas de alto calibre al hombro. Los uniformes verde olivo fascinaban a los jóvenes más que el dilema sobre el significado de la Revolución.

El shock. Bacardí se "nacionaliza"

La pasividad de Estados Unidos durante esos meses permanece como un enigma para muchos. El 26 de enero de 1960, el presidente Dwight Eisenhower se mostró casi conciliatorio al no conceder el embargo a Cuba que los halcones en su gobierno le sugerían. Ciertamente, había hecho notar que el precio del azúcar podría ser utilizado como medio de presión, si las propiedades de estadounidenses en Cuba se veían amenazadas. Sin inmutarse por esta amenaza, en febrero Castro cerró negociaciones para un acuerdo comercial con la Unión Soviética. Mediante el pacto, la URSS se comprometía entre otras cosas a comprar un millón de toneladas de azúcar cada año, de 1960 a 1964. En plena Guerra Fría, el acuerdo representaba una afrenta abierta para los Estados Unidos. El presidente Eisenhower quiso entonces mandar una señal: instruyó a la CIA para que comenzara a entrenar militarmente a exiliados cubanos. La invasión a la isla era uno de los escenarios posibles.

El 4 de marzo de 1960 explotó en el muelle de La Habana el carguero francés La Coubre, que llevaba material de guerra a bordo. El gobierno cubano asumió que se trataba de un acto de sabotaje por parte de Estados Unidos. En una alocución en memoria de los marineros muertos durante el percance, Fidel Castro pronunció la frase que repetiría en innumerables ocasiones al paso de las décadas: "Jamás nos pondrán de rodillas, ni con la guerra ni con la hambruna". Patria o muerte. Ésa era la solución con la cual los revolucionarios cubanos demostrarían al mundo su decisión de no ceder ni un centímetro del camino avanzado. La situación escaló dramáticamente cuando el gobierno cubano ordenó a las refinerías estadounidenses que procesaran exclusivamente el petróleo importado de la Unión Soviética. Cuando las empresas Shell, Texaco y Esso se negaron, las refinerías fueron expropiadas el 8 de agosto de 1960, lo mismo que las plantas de electricidad, las compañías telefónicas y 36 ingenios azucareros que aún se encontraban en manos estadounidenses.

La respuesta fue la prohibición de importación de azúcar cubano a Estados Unidos. El 6 de julio Eisenhower canceló toda importación de azúcar de Cuba para el mercado estadounidense. Setecientas mil toneladas de azúcar buscaban un nuevo comprador. En ese momento, el nuevo amigo soviético se alzó como salvador y compró por completo la producción destinada originalmente para Estados Unidos. Poco después, la amistad entre Kruschov y Castro se profundizó mediante un pacto militar. La ola de expropiaciones continuó. En agosto de 1960, todas las grandes empresas estadounidenses tanto en la industria como en la economía agrícola se nacionalizaron; un mes después corrieron la misma suerte los bancos estadounidenses y, en octubre, los afectados fueron los dueños de inmuebles tanto estadounidenses como cubanos. Por el decreto del 13 de octubre, todas las empresas cubanas fueron expropiadas bajo el pretexto de que habían saboteado los planes económicos de la Revolución. Resultaron afectados, entre otros, 105 ingenios azucareros, 13 centros comerciales, 60 fábricas textiles, 10 tostadoras de café, 11 cines y 18 destilerías de ron.

En la emisión noticiosa de la mañana del 14 de octubre de 1960, fueron leídas públicamente las listas de empresas nacionalizadas. La Compañía Ron Bacardí estaba incluida. "No dábamos crédito a nuestros oídos", recuerda Jorge Rodríguez Márquez, esposo de la accionista de Bacardí, Malena Comas Bacardí. "Estábamos impactados, estupefactos. Entonces comenzó a sonar el teléfono de manera salvaje. Los aparatos no dejaron de sonar el resto del día. Todos querían saber en boca de los otros qué era lo que proseguía."[52]

En el terreno político, la ruta estaba claramente establecida. El 19 de octubre, Estados Unidos anunció un embargo contra Cuba. Se prohibió la exportación estadounidense a la isla. El nuevo presidente, John F. Kennedy, quien había roto las relaciones diplomáticas con Cuba el 3 de enero de 1960, revisó los ya preparados planes de invasión e instruyó a la CIA para que tuviera lugar en la playa Girón, también llamada Bahía de Cochinos. El 14 de abril, la brigada 2506 se acercaba a la costa cubana, proveniente de Puerto Cabezas, en Nicaragua. La Operación Plutón había comenzado y entre los invasores se encontraban cinco miembros del clan Bacardí. La invasión fracasó, pero todos los Bacardí sobrevivieron a su intento por salvar su patria.

SEGUNDA PARTE

Los Bacardí en el exilio

Recopilación de pruebas: entre
La Habana y Bruselas

2 de enero de 2001. Hace un frío incómodo en La Habana. El tercer frente frío al hilo opaca sensiblemente la alegría de vivir de los cubanos en el Día de la familia" instituido por el gobierno. El día feriado es un regalo del gobierno revolucionario a los niños. Sin embargo, quienes más lo disfrutan son los adultos, que necesitan un par de horas de tranquilidad tras los excesos de baile y alcohol de fin de año. Así estarán convenientemente recuperados para volver, el 3 de enero, a la lucha cotidiana por el socialismo cubano.

En el barrio Vedado, calificado por el escritor Miguel Barnet como "el corazón de La Habana", se respira un ambiente parecido al del cercano cementerio Cristóbal Colón. En el malecón, pausas de minutos enteros separan a un automóvil de otro. De cuando en cuando pasa un hombre practicando la caminata en dirección oeste-este, o al revés. El viento es fresco y azota sin piedad al mar contra el rompeolas del paseo junto al océano. A la altura del hotel Riviera, el agua estalla en cascadas espumosas y riega con sus chorros perlados el hendido asfalto del malecón.

Con un coctel en la mano, incluso puede ser divertido observar los enjundiosos juegos del mar pero, ya que se acerca el cuarto frente frío, el ansia del calor caribeño no se aplaca ni con mojitos ni con daiquiris. Al contrario. La sola idea del hielo triturado en una copa fría provoca escalofríos. ¡Al diablo con los limones, la granadina, la crema de coco o el jugo de piña! ¡Que traigan el ron y el agua hervida!

Los ojos de la camarera Isabela se ponen rígidos de pánico cuando derramo el ron color nuez añejado durante siete largos años, en agua hirviendo. Sin embargo, da un sorbo y encuentra "interesantísimo" el coctel llamado "Grog".

—¿Pero no crees tú que el ron añejo de siete u ocho años sabe mejor puro? —pregunta con cautela— Cuando lo mezclas, le matas el carácter.

—Pero ustedes también lo mezclan... con refresco de cola.

—Seguro, pero sólo el ron más joven.

Henky Hentschel opina que tales conversaciones son verdaderamente idiotas. "Ya sea joven o añejo, el ron sirve para lo mismo que cualquier otro licor: para embriagarte", dice él con voz cavernosa. "Con el ron puro hay un riesgo que todos deberían de conocer. Puedes beber y beber y beber y no darte cuenta; pero de un golpe, sin aviso previo, te caes de la butaca y entonces tienen que llevarte a tu casa."

Henky Hentschel es escritor y vive desde hace más de diez años en La Habana. Escribió un fabuloso libro sobre Cuba, que debería ser lectura obligada para todos los turistas. *Cuba: Salsa einer Revolution* [*Cuba, la salsa de una revolución*] es una declaración de amor a los cubanos y a su inimitable manera de no tomarse en serio la difícil existencia en la isla.

Cuando encuentro a Henky en su local llamado El Castillo del Farnés, justo al lado del famoso Floridita en donde deambulaba Hemingway, tengo la impresión de que no pasará mucho tiempo antes de que este amante del ron ruede hasta el suelo. Pero tiene un aguante asombroso. Una generosa porción de garbanzos con trozos de tocino lo salvan de la caída. Por el momento.

Luego de que fui rechazada por varios colegas en mi búsqueda de información sobre la familia Bacardí, puse mis esperanzas en Henky y en su lista de contactos entre periodistas, personajes de la cultura y algunos funcionarios públicos. ¿Habría en La Habana alguien que me pudiera contar algo sobre los Bacardí? ¿O sobre la lucha que sobre los derechos de la marca sostuvo la familia, luego de irse al exilio, contra el gobierno cubano? ¿Quién sabía de la participación de los Bacardí en la política exterior de Estados Unidos hacia Cuba?

"Aquí hasta los gorriones cantan, en los tejados, que el embargo contra Cuba es pagado por los Bacardí", dice Henky Hentschel mirando hacia el crepúsculo.

> Y no sólo eso. Ellos se ocuparon de mantener una cacería constante contra Fidel Castro, sobre todo en los años sesenta y setenta. No sólo eran los Bacardí quienes estaban entre los invasores de Bahía de Cochinos; luego, el clan también repartió mucho dinero entre gente que quería matar a Castro. Hoy se refugian en los traspatios de la Casa Blanca, desde donde llevan a cabo sus negocios ensuciados por la política.

Henky me cuenta todo esto, y mucho más, en una hora hermosamente calma. Estamos sentados en su minúscula terraza, desde donde vemos hasta el malecón por encima de los tejados de La Habana vieja. El panorama abarca el Museo de la Revolución, y se esparce en dirección al Capitolio. Bebemos Cuba Libre, con la cual brindo en dirección al murciélago en el techo del Edificio Bacardí. Tiempo antes, en el Día de la Familia, un guardia me acompañó a la galería, a través de las puertas en el último piso y después me permitió dar un vistazo en las salas del recinto. Igual que toda la parte vieja de La Habana, el edificio Bacardí es considerado patrimonio de la humanidad. El dinero para la restauración de esta joya de la arquitectura art déco proviene de las cajas de la UNESCO.

Cuando le pregunté al guardia si aún existía el bar del edificio, en donde los Bacardí dispensaban a sus invitados aquellos memorables cocteles de cortesía, me miró con desconcierto.

—¿Cuál bar?

El hombre apenas rebasa los veinte años.

—Si tiene ganas de un buen daiquiri, mejor váyase al Floridita. Está en la siguiente esquina —me aconsejó amablemente.

Tarde o temprano, todo turista que visitara La Habana en los años cincuenta acababa en el edificio Bacardí, de la Calle Montserrat. En todas las guías turísticas se remarcaba el hecho de que ahí, todos los días entre las once y media de la mañana y la una y media de la tarde, era posible probar los productos Bacardí sin costo alguno.

> Este santuario del ron era una forma de publicidad dirigida a los turistas estadounidenses. La mayoría regresaba con las cinco botellas que las autoridades aduaneras estadounidenses permitían introducir a su país sin pagar impuesto alguno. Detrás de todo ello estaba

el hecho de que la marca Bacardí constituía una parte significativa del glamour cubano y la industria del ron una rama importante de la economía cubana,⁵³

decía por ejemplo en el animoso libro de viajes *All the Best in Cuba* [*Lo mejor de Cuba*], escrito por Sidney Clark. Éste fue publicado a mediados de los años cincuenta y enmarca el ambiente previo a la Revolución. Clark no encontraba un atractivo especial en la fachada art déco con su mezcla de granito multicolor, ladrillos pintorescos y terracota. Pero al mismo tiempo se confiesa fanático del murciélago a lo alto del rascacielos: "La cima del edificio es interesante, pues ahí aparece de nuevo un murciélago, uno bastante grande esculpido en bronce, que descansa sobre una bola del mismo color del metal. Al principio pensé que se trataba de un águila, pero esto era porque no había usado mis binoculares".⁵⁴ Luego, el autor dispensa un par de alabanzas hacia la empresa competidora:

> Una empresa rival llamada Havana Club también tiene un salón de cocteles privado y que todos los días abre sus puertas a eso del mediodía a todos los turistas estadounidenses. Se encuentra en un edificio de gran belleza en la Plaza Catedral, directamente frente a la iglesia principal de La Habana. El bar está en el primer piso del edificio. Uno entra a través de un maravilloso patio interior con palmeras y helechos. Tenía su propio encanto, pero muy distinto del brillo marmóreo y de cuero rojo del bar Bacardí. Otras empresas de ron, en otros edificios, compiten con ambas en su apariencia y su trato amable, pero sus locales son menos conocidos y de menor relevancia.⁵⁵

Cuarenta y cinco años más tarde, nada es gratis en La Habana. Quizá la única excepción es la risa profundamente triste de mujeres entradas en años, las sonrisas tentadoras de jóvenes muy guapos y los ojos brillantes de los niños cuando corren felizmente con un puñado de dulces en las manos. Especialmente cara resulta la información de segunda mano. El periodista Jorge quiere doscientos dólares —por anticipado— para ayudarme. Puede conseguirme copias de documentos que esclarecen el papel de los Bacardí en la lucha por los derechos de la marca. Rechazo la ganga periodística. El salario mensual de un médico en Cuba no rebasa los treinta y cinco dólares: las "revelaciones" no valen tanto dinero.

Cuando me quejo ante Henky por la desvergüenza de su amigo, él sólo alza los hombros. "Por supuesto que Pedro quería exprimirte. No lo tomes a mal, pero aquí cada quien se busca la supervivencia. Sobre todo, los periodistas pertenecen a los puercos más pobres cuando no escriben para el Granma. ¿Ves tus zapatos? Él tendrá que deshacerse de los suyos pasado mañana."

Otro colega cubano a quien le pregunté sobre los Bacardí piensa que los zapatos son secundarios. Lo más importante, según él, es la conciencia revolucionaria. "No somos perfectos. En ocasiones nos hemos equivocado en estos cuarenta y dos años. Pero sabemos quiénes somos y, sobre todo, qué y cómo queremos ser. Ésa es la gran ganancia."

El hombre, que me hace enmudecer con sus palabras, trabajó antes de la Revolución como chofer y guardaespaldas de Meyer Lansky, uno de los tres jefes de la mafia que controlaba la vida nocturna en La Habana en los años cincuenta. Tras el triunfo de la revolución, Lansky le ofreció financiar sus estudios en Estados Unidos. Al principio esto le atrajo, hasta que escuchó un discurso de Fidel que lo hizo llorar. Le quedó claro entonces cuán inútil había sido su vida y decidió ponerse al servicio de su patria. Sólo Cuba es importante y nada más. Por desgracia, es poco lo que puede contarme sobre los Bacardí.

Si Fernando G. Campoamor, a quien visito los primeros días de enero de 2001, es de los admiradores más fervientes de Fidel Castro o no, es algo que no me queda claro. Con ochenta y siete años, Campoamor yace en cama, oye con dificultades y muestra leves signos de demencia. Depende del día, me dice el joven enfermero en el teléfono. Hay veces en que incluso se puede charlar con él. Aparentemente, me tocó uno de los días malos. Fernando apenas mueve la cabeza cuando Antonio me guía hacia la cama del anciano y me presenta con él.

—Una compañera de Alemania quiere saber si te acuerdas de la fiesta de la destilería Hatuey, cuando Hemingway ganó el premio Nobel —dice el joven al oído de Campoamor.

Fernando hace un ruido, tose, guiña un ojo y luego, un beso.

—Piensa que usted es una antigua amante de Asturias —señala Antonio con un poco de vergüenza.

Hago de tripas corazón, me inclino hacia abajo y me dejo acariciar en las mejillas. Quizá el contacto encienda el recuerdo de aquellos tiempos en los que él era un conocido periodista, cuando se iba de fiesta con Hemingway. Campoamor también conoció a los Bacardí. Ellos le encargaron que organizara una fiesta en la cervecería de El Cotorro por el premio Nobel a Hemingway.

—Debió haber sido una fiesta delirante —digo, y lo miro con ojos inquisitivos. Él sólo gira la cabeza y demuestra desinterés—. Quizá le haga bien un trago de ron.

El enfermero mira con acentuado interés hacia la etiqueta de la botella que saco de mi bolso, y asiente con la cabeza.

—Sólo debemos levantarlo para que no se atragante. Si no, podría hacerle mal.

Juntos levantamos a Campoamor y apoyamos su espalda en un almohadón. Entonces, el joven va por unos vasos y por una taza de plástico para el anciano.

—No, yo quiero un vaso —dice él de repente, despierto por completo—. Sabes que jamás tomo ron en plástico.

Luego del primer traguito, Campoamor tuerce dramáticamente los ojos y jala aire con gran esfuerzo. "Dios, no dejes que se muera", pienso. Pero el viejo se recupera pronto, y pide más ron.

—¿Le gusta? —pregunto con precaución.

—Sí, está muy bien. El Havana Club siempre me gusta —dice claro y fuerte—, es el mejor ron del mundo.

—¿Y Bacardí?

Tengo que repetir la pregunta. Pero él permanece mudo, hace un vago movimiento con la mano y se repliega a un lado. Aterrorizada, miro hacia el enfermero. Él se ríe y se lleva un dedo a la boca. Luego extiende el brazo, blandiendo de nuevo su vaso. Brindamos entonces, entre murmullos, por la salud de Fernando G. Campoamor.

Apenas se vacía el vaso, el joven insinúa de manera decente pero incontrovertible que espera una gratificación por mediar en la conversación. Le deslizo diez dólares en la mano y él me aprieta contra su pecho con tal fuerza que casi se me va el aire. Cuando la puerta del palacete se cierra detrás de mí, tengo el sentimiento de que he hecho felices a dos hombres. Por desgracia, mi conocimiento sobre los Bacardí no es mucho mayor que cuando entré.

Poco antes de mi partida, arrojo una última mirada al Floridita, aunque francamente no tengo humor para engullir el obligatorio Papa Doble entre japoneses que disparan sus cámaras, ingleses sudorosos y alemanes en bermudas.

El interior del Floridita es precioso y elegante; una gloriosa barra de madera domina el espacio principal. ¿Como antaño? No. En las primeras décadas, el bar fundado en 1820 y bautizado en un principio como La Piña de Plata era un sitio más bien rústico. Gente de todas las clases sociales visitaban la bodega, donde se servía ginebra, ron y cerveza. Las damas de sociedad esperaban en su carruaje y se refrescaban con limonadas y jugos de frutas.

Durante la guerra hispanoamericana, La Piña de Plata se convirtió en El Florida, un nombre que rápidamente fue transformado en el Floridita por los propios clientes del lugar. Aquí fue donde comenzó el famoso Constantio Ribailagua a mezclar sus cocteles. "Constante", como le llamaban los visitantes, dominaba su especialidad como ningún otro. Conocía las recetas de más de ciento cincuenta cocteles, los cuales preparaba principalmente con ron, azúcar y frutas de la región. Su obra maestra era el daiquiri, tal como juzgó Campoamor en su libro *El hijo alegre de la caña*. Acaso su mejor idea publicitaria fue el Papa Doble o Hemingway Especial: ron blanco sobre hielo con un poco de granadina, creado para su huésped Ernest Hemingway. El día en que Constante fue sepultado, Hemingway dijo: "el maestro de los cantineros ha muerto. Era un hombre entrañable e íntegro. La preparación de sus cocteles era la obra de un artista".[56]

Hemingway había descubierto el Floridita en un paseo a pie por la parte vieja de La Habana y pronto se instaló en un cómodo rincón al final de la barra. Los cantineros lo recuerdan como un hombre corpulento: era como un roble y derribaba a quien quisiera pasarse de listo. Hemingway decía que era su manera de aconsejar a quienes hacían demasiado ruido o lo hacían enojar.

Cuando él estaba ahí —en los años cincuenta esto sucedía varias veces a la semana— se tomaba casi doce Papa Dobles en el transcurso de la tarde y pedía uno más antes de irse a casa.

Luego de que ganó el Nobel en 1954, sus amigos decoraron su lugar con un busto y una placa de bronce. En ella se lee: A NUESTRO AMIGO ERNEST HEMINGWAY / PREMIO NOBEL DE LITERATURA / FLORIDITA. Aún años después de que el negocio fuera convertido en propiedad del Estado, los cantineros advertían a los clientes que no se podían sentar bajo el busto. "No es que fueran a poner una cadena o un cordón, como en un museo. Simplemente prohibían a todos sentarse allí", narra el amigo de Hemingway, Fernando Campoamor, en *El hijo alegre de la caña*.[57]

Rolando Quiñones, quien hoy dirige a la tropa de cantineros vestidos de rojo, está convencido de que el daiquiri del Floridita no ha desmerecido en su calidad original pese a que no tiene ron Bacardí. "El secreto del daiquiri es el momento en que el hielo se tritura", señala él.

Tengo suerte con Rolando, que desde hace treinta y ocho años trabaja en el Floridita. Cuando él escucha que soy periodista y que estoy escribiendo un libro acerca de los Bacardí, llama a Manolo, un joven cantinero. Manolo tiene dos semanas de haber ganado el campeonato mundial de mezcla de cocteles y ahora debe lucir ante mí su premiada versión. El coctel se llama AISA y lleva licor Kontiki, jugo de naranja, licor de manzana y Havana Club añejo tresañero. La preparación galardonada no es una revelación, pero la bebida en sí es para recordarse. Rolando guiña el ojo cuando trato de pagar.

—Cortesía de la casa —dice él—. Y cuando vaya a Miami,

con los Bacardí, mándeles saludos de alguien que quisiera haber probado su ron, pero que hoy está extraordinariamente feliz con el Havana Club. ¡No hay nada como nuestro ron cubano, el auténtico!

El día antes de mi regreso a Alemania, el *Granma* yace en la mesa del desayuno. Es la voz diaria y admonitoria del Comité Central del Partido Comunista de Cuba. Mentalmente ubicada casi de regreso en casa, sobrevuelo las firmas de los análisis económicos y los exhortos a la fuerza revolucionaria de los cubanos, a su coraje, su disposición y abnegación. Profundamente aburrida hojeo entre las proclamas. De pronto, una firma me electriza. Como avance de la Feria del Libro de La Habana, en febrero de 2001, se anuncia el libro estelar: *Ron Bacardí. La guerra oculta*, de Hernando Calvo Ospina. La obra contiene revelaciones sobre las actividades políticas de la familia Bacardí desde su emigración; su colaboración con la CIA, su trabajo de cabildeo en Washington, así como verdades incómodas sobre la guerra de las marcas.

En la editorial, tras varios intentos en vano, por fin tengo suerte en la tarde. Una joven empleada se traslada al sótano, donde se amplía el material para la feria. Un cuarto de hora más tarde, ella pone en mi mano el libro recién impreso.

—Está caro —dice.

Me dejo arrastrar por la acotación:

—Da igual, pago lo que sea.

Cuesta cinco dólares que van a dar a las arcas de la editorial Abril y, naturalmente, algo extra como propina por el esfuerzo. Estoy feliz y ansiosa. En el vuelo de regreso a Hamburgo, el libro no se me separa de las manos. Parece una novela de policías y ladrones. "La CIA, el jefe de la empresa y los terroristas",

"De la violencia al cabildeo", "Dos guerras y sus cómplices", "Guerra en los mercados"... Debo conocer al hombre que supone abiertamente que existen vínculos entre los diversos atentados contra la vida de Fidel Castro y la familia Bacardí, que las leyes emitidas en Washington para el embargo económico a Cuba fueron impulsadas por los Bacardí y que con dinero de la familia se subvencionaron grupos como los Contras en la guerra contra los sandinistas de Nicaragua.

Un mes más tarde me encuentro con Hernando Calvo Ospina, quien desde principios de 2001 vive como refugiado político en Bruselas, Bélgica. La conversación dura casi tres horas, en las cuales el periodista colombiano repite casi todas las acusaciones contra el consorcio Bacardí y contra algunos miembros de la familia. Lo que más me conmociona es la tesis, casi incontrovertible, de que Pepín Bosch —el laureado y acaudalado presidente del consorcio— financió tanto a personas como a grupos que pretendían asesinar a Fidel Castro y llevar a cabo un intento golpista en Cuba.

Calvo Ospina me deja bastante pensativa en el bar del Sheraton. Aunque bebo ron con mucho agrado, en ese momento no tengo ganas de tomar ron Bacardí; ni siquiera el Havana Club me parece adecuado para brindar.

De regreso a Hamburgo, el escepticismo vuelve a hacer presa de mí. ¿Qué pruebas existen para acreditar la autenticidad de las imputaciones? ¿De dónde obtuvo Calvo Ospina los documentos? La historia sobre un familiar disidente que le proporcionó ciertos folios y cuyo nombre naturalmente no reveló, no sonaba especialmente sólida. In dubio pro reo, esto valía, desde mi punto de vista, también para los Bacardí. Me causaba curiosidad la posible reacción de la familia ante la aparición del libro y las acusaciones que en él se formulaban. El retrato que el clan había proyectado durante décadas para sí mismos y sus productos para entonces había sido muy pulido. "Pura alegría de vivir", era el lema con el cual el nombre Bacardí debía relacionarse. La pasión y la levedad del ser. Todo ello prometía la publicidad. ¿Era compatible este retrato familiar con una carta que Pepín Bosch habría enviado a la Casa Blanca, en la cual se decía entre otras cosas que "si ha de correr la sangre, entonces que corra"?

5. "Si ha de correr la sangre, pues que corra."
La guerra de los Bacardí contra Castro

En marzo de 1961, semanas antes de la invasión de Bahía de Cochinos, el periodista estadounidense Herbert L. Matthews ofreció tres conferencias en el City College de Nueva York. Los temas eran América Latina y la revolución cubana. Sus análisis tenían mucho peso. Matthews fue el primer periodista que pudo hablar con Fidel Castro durante las batallas de la Sierra Maestra. El 17 de febrero de 1957, ambos habían conversado en medio de un arbusto. "Las mojadas hojas y ramas, la impenetrable vegetación, el barro bajo nuestros pies, la luz de luna. Todo ello recordaba a una selva tropical de Brasil, y no de Cuba."[58] Con jugo de tomate, jamón, galletas, café, tazas de hojalata, y los mejores puros cubanos, él entrevistó a Castro por espacio de tres horas. El periodista, que entonces tenía 57 años, estaba maravillado. En una serie de artículos que aparecieron una semana más tarde en el *New York Times*, escribió: "La personalidad del hombre es abrumadora. Es culto, y sigue sus ideales de manera fanática. Es un hombre con coraje con sobresalientes cualidades de liderazgo"⁵⁹ Matthews no dejó dudas, en las tres partes de su informe, de que Castro lo había cautivado y de que las metas revolucionarias (libertad, democracia y justicia social) merecían apoyo. Su respeto y admiración llegaron a los lectores del *New York Times*. Las malas lenguas afirmaron luego que la serie de artículos fueron una contribución para que Castro fuera aceptado tanto en Estados Unidos como en el resto del mundo. Tras el triunfo de la Revolución y de la ola de expropiaciones y otras reformas sociales, el periodista seguía pidiendo comprensión para la política de Fidel Castro. Al final de sus conferencias en marzo de 1961, afirmó:

> Lo que quisiera decirles con respecto de la revolución cubana es lo siguiente: abran los ojos, abran su alma y abran su corazón. Necesitan todos los sentidos para comprender esta revolución. Y si comprenden, entonces condenarán y perdonarán. Encontrarán acusaciones y simpatías. Se darán cuenta de que allí pasan muchas cosas buenas y muchas malas. En Estados Unidos, quien busque matar esta revolución, destruirá también buena parte del idealismo, de la esperanza, de la vida. Con la muerte de la Revolución, sería eliminado un ideal y nos quedaríamos con una Cuba incierta, dominada por los espíritus pequeños y malévolos del pasado.⁶⁰

Con esta postura, el liberal recibió abucheos por parte de la comunidad de exiliados cubanos, que seguía los acontecimientos en su patria desde Miami. El presidente de Bacardí también estaba indignado por las afirmaciones del influyente periodista del *New York Times*, quien se abstuvo de calificar a Castro como un "dictador comunista" y, en cambio, lo retrató como "reformador social". Bosch no sólo estaba furioso contra Matthews, sino también profundamente decepcionado. Después de todo, él y otros importantes hombres de negocios en Oriente habían apoyado al periodista estadounidense: sin los contactos del jefe de Bacardí hubiera sido imposible llevar a cabo aquella entrevista en medio de los arbustos. En aquel entonces había uniformidad en los medios de comunicación en su ánimo contra el dictador Batista; los exiliados cubanos buscaban en 1961 reproducir este apoyo mediático, pero esta vez contra Castro. La voz liberal de Matthews provocó un intenso malestar. Bosch se sintió traicionado y dio rienda suelta a su coraje en una carta dirigida al periodista: "Para Fidel, usted tiene el valor de una división de su ejército. Si fue capaz de embaucarlo, habrá conseguido el equivalente a una victoria militar".[61]

Nuevo comienzo para una empresa "sin patria"

En aquellos días, Bosch se encontraba siempre de viaje, buscando establecer las vías hacia el futuro. Un día se encontraba en México, el otro en una fábrica recién inaugurada en Recife, Brasil; supervisaba la situación en Puerto Rico y trabajaba en los planes para construir nuevas instalaciones en las Bahamas. Para el ejecutivo, las actividades políticas eran por lo menos tan importantes como determinar el destino de la empresa. Tomaba posición acerca de la situación en Cuba siempre que lo consideraba conveniente. A finales de marzo de 1961, escribió una carta abierta al *New York Times*, en la que fustigó a todos aquellos que, como Matthews, retrataban un Castro socialista.

> Para mí, un gobierno es comunista cuando se define a sí mismo como marxista; cuando ese gobierno ataca a Estados Unidos; cuando caracteriza a todos los países que viven en libertad como imperialistas o capitalistas; cuando supone que la Unión Soviética es el único amigo leal de la revolución cubana; cuando patrocina a un partido

comunista, como es el caso en Cuba; cuando no existe la libertad religiosa; cuando los comunistas ocupan todas las posiciones clave del gobierno; cuando se alimenta el odio y el miedo en lugar de la confianza y la amistad.[62]

Siguieron más acusaciones, y entonces Bosch dio un paso en terreno resbaladizo. Afirmó que en Cuba se preparaban para construir una plataforma de misiles que sería utilizada por la Unión Soviética.

> A mi oficina llegan ininterrumpidamente informaciones acerca de la construcción de instalaciones militares secretas. ¿No reconoce Estados Unidos que desde Cuba cualquier punto de la unión americana es accesible y que, para la Unión Soviética, sería de gran prestigio el disponer de una base militar en Cuba (por así decirlo, en el patio trasero de Estados Unidos) y, en fin, que dichas instalaciones están destinadas a la destrucción atómica?[63]

La misiva terminaba con un dramático llamado a los ciudadanos estadounidenses de buena voluntad para que ayudaran a su vecino en estos tiempos difíciles y liberaran de una vez por todas al pueblo cubano de la tiranía.

En el comportamiento de Pepín Bosch, era típico que en aquellos años de su exilio saltara al escenario político con suposiciones, pronósticos e imputaciones originadas en fuentes poco confiables. Con su carta, apostaba al miedo a una amenaza nuclear de lo más cercana. Tres semanas después de la publicación, llegó a Bahía de Cochinos la Brigada 2506. Qué coincidencia tan formidable, ¡para reivindicar el ataque de los exiliados cubanos!

Ya el 17 de marzo, el presidente Eisenhower había aprobado que los servicios secretos entrenaran a refugiados cubanos para un posible ataque militar a Cuba, así como para proveerlos de armas y establecer campos de instrucción en Guatemala. La Operación Plutón comenzó el 14 de abril de 1961. Al amanecer del 17 de abril, un grupo de exiliados cubanos tocó tierra en playa Girón. Ahí ya los esperaba el ejército de Castro. Las batallas duraron sólo tres días hasta que el espectro desapareció. 1200 exiliados cubanos fueron encarcelados, 114 murieron y 60 sobrevivieron con heridas graves. Herbert Matthews comentó el otoño de 1961:

> Gracias a Dios, la invasión del 17 de abril fue un fracaso. La zozobra hizo que el presidente Kennedy se diera cuenta de que el problema cubano es más grande que nunca. El régimen de Fidel Castro es más fuerte de lo que se suponía, igual que el apparat comunista en su conjunto, tanto en Cuba como en toda América Latina. Ahora sabemos que los exiliados cubanos no regresarán a su patria en mucho tiempo.[64]

John F. Kennedy se hizo de oídos sordos al llamado de los "halcones" de su gobierno, quienes demandaban el envío inmediato de soldados a Cuba para corregir el error. En vez de ello, el presidente se refirió al episodio como "una lección que nos ha sido concedida y de la cual se debe aprender". En la mente del mandatario, sin embargo, prevalecía una meta a corto plazo: la remoción violenta de Fidel Castro. En el verano tardío de 1962, semanas antes de la crisis cubana, se movilizaron tropas, armas y aviones militares hacia Florida. La medida era una señal de firmeza, pues entretanto se había confirmado que la URSS había estacionado misiles defensivos SAM-2 sobre Cuba. Puesto que el alcance de estas armas no rebasaba los 140 kilómetros, Florida no se encontraba en peligro. Los misiles tampoco estaban armados con material atómico, por lo que Estados Unidos permaneció relativamente tranquilo. El relajamiento terminó el 13 de octubre de 1962 cuando, durante un vuelo de inspección sobre la provincia cubana de Pinar del Río, el capitán estadounidense Richard Heyser descubrió misiles soviéticos de mediano alcance tipo SS-4.

Hoy sabemos que en octubre de 1962 se estacionaron en Cuba un total de 36 misiles de mediano alcance con su carga atómica, así como seis misiles Luna con explosivos convencionales. Los halcones entraron en una actividad incesante. Presionaron al presidente para un golpe inmediato. También los exiliados cubanos y otros políticos occidentales —entre ellos el canciller alemán Konrad Adenauer— aconsejaron bombardear e invadir la isla para poner fin a la hegemonía comunista. El presidente Kennedy rechazó la idea de un ataque preventivo y dio preferencia a la fuerza de la guerra psicológica.

En un discurso pronunciado el 22 de octubre de 1962, que ahora es célebre, hizo un llamado que no fue exclusivo para los cubanos por que lucharan por la contrarrevolución. Simultáneamente, amenazó con destruir por completo a la Unión Soviética si un solo misil era disparado desde Cuba. Además, doscientas naves estadounidenses recibieron la instrucción de interceptar a todo carguero soviético en las aguas de Cuba.

La paz mundial colgaba sobre hilos muy delgados a raíz de este discurso. Los militares soviéticos estacionados en Cuba reciben autorización para lanzar los misiles atómicos en caso de ocurrir un incidente grave: un bombardeo o una invasión. Entonces, lo inesperado sucedió. Nikita Kruschov reacciona de manera conciliatoria ante el discurso de Kennedy y, tras días de labores diplomáticas secretas, se logra un compromiso. Los rusos desmantelan sus misiles SS-4 y, a cambio, los estadounidenses retiran de Turquía sus misiles Júpiter. El mundo respira de nuevo. Pero Castro se siente traicionado. Esperaba lograr el levantamiento del embargo económico, el fin de la "guerra sucia" y de los actos de sabotaje llevados a cabo por exiliados cubanos, así como de otras acciones terroristas; finalmente, quería la disolución de la base militar estadounidense en Cuba. Ninguno de estos deseos le fue concedido. También los exiliados cubanos echaban espuma de coraje. Desde su punto de vista, Estados Unidos había dejado pasar una gran oportunidad para eliminar al régimen de Castro. A los exiliados les quedaba claro que no podían contar con un regreso rápido a Cuba.

Pepín Bosch titubeó, pero no se sumió en la desesperación y comenzó a trabajar en varios frentes. Por una parte, debía reconstruir el imperio Bacardí y, por otra, hacer lo que fuera necesario para posibilitar el regreso de la empresa a Cuba. Pero esto último, y lo sabían tanto él como otros exiliados, sólo sucedería sobre el cadáver de Castro.

En principio, el negocio estaba por encima de los planes de asesinato o derrocamiento. El 25 de noviembre de 1960, cinco semanas antes de la expropiación, Bosch había llamado a reunión de consejo. En ella anunció que había comisionado a la agencia de abogados neoyorquinos Rogers, Hoge y Hills para que representaran en todo el mundo a la marca Bacardí. Concretamente, esto significaba que el despacho se ocuparía de cuidar de que en ninguna parte del mundo se vendiera ron cubano bajo la marca Bacardí. Nadie se imaginaba que la batalla legal por los derechos de la marca ocuparía a los abogados hasta entrados los años noventa, e incluso después.

Peter Foster describe los inicios de esta querella:

> En la mayoría de las jurisdicciones, una marca comercial se registra ante las autoridades aduanales. Éstas confiscan un cargamento de importación, cuando el dueño de dicha marca no ha concedido su autorización para el uso de dicha marca. Los Bacardí contaban

con empleados leales en Santiago. Siempre que partía un barco con un cargamento de ron, los Bacardí se enteraban a través de la base militar de Guantánamo. Cada vez que un cargamento de ron cubano era descargado en cualquier parte del mundo y declarado como "Bacardí", los abogados se presentaban en el lugar para corroborar el uso legal de la marca. Si una carga marítima procedente de Cuba se encontraba en camino hacia Londres, O'Hara era advertido por las autoridades locales. Con seguridad, mil cajas de ron registrado bajo el nombre "Compañía Ron Bacardí nacionalizada" llegarían semanas después a los muelles londinenses. O'Hara se ocupaba entonces de que el cargamento fuera asegurado por las autoridades competentes. El gobierno cubano procedió jurídicamente en pos del derecho de seguir usando marcas de bienes "nacionalizados". Fue la primera batalla de una serie de costosos desencuentros jurídicos que llegaron desde Manhattan hasta Tokio y de Tel Aviv hasta las Antillas holandesas. Los Bacardí ganaron todos los juicios, por decisión colegiada o por desistimiento.[65]

El abogado Pete O'Hara se convirtió al paso de los años en uno de los hombres más importantes de la empresa. Junto a Bosch, fue el único que penetró en la compleja estructura del consorcio. O'Hara preparó la fundación de nuevas empresas, se ocupó de la justa distribución de las acciones entre los miembros de la familia; además, era responsable por la seguridad jurídica de Bacardí Internacional en Bermudas. En Bacardí International se ubicaron desde 1965 los hilos conductores para la operación de todos los negocios del consorcio fuera de Estados Unidos. Pepín Bosch apreciaba extraordinariamente a este diligente jurista. Lo invitaba con agrado a reuniones de trabajo en Bahamas y luego lo llevó a pescar en su yate, un privilegio del que gozaban unos cuantos colaboradores. O'Hara, que siempre tuvo el temor de ser secuestrado por "bandas comunistas", alguna vez le propuso a Bosch tapar el nombre Bacardí del yate. Después de todo, la costa cubana estaba cerca y Bosch era visto como "traidor" en la isla. Naturalmente, el presidente de Bacardí se negó, pues el nombre era su vida entera y su orgullo.

El 15 de febrero de 1961 se llevó a cabo en la sucursal de Bacardí Imports en Nueva York la primera asamblea de accionistas fuera de Cuba. Nadie estaba contento, pero Bosch entendió que le tocaba repartir el optimismo. Puso en claro a los accionistas que después de todo se había tenido algo de suerte en cuanto a la perspectiva del negocio. La marca comercial Bacardí había sido transferida por él a Bahamas, desde antes de la Revolución, como medida de precaución ante una posible represalia del dictador Batista.

Cuando se celebró el aniversario de la compañía, el 4 de febrero de 1962, los miembros de la familia veía al futuro con un poco más de tranquilidad. Se había perdido la fábrica de Santiago, así como las tres destilerías de cerveza Hatuey; con ello, un patrimonio cercano a los setenta y seis millones de dólares. Pero se podía estar orgulloso de las fábricas de México, Puerto Rico y Recife. Las exportaciones llegaban a cien países del orbe. México vendía más de un millón de cajas de ron al año y desde Puerto Rico salieron 850 mil cajas en 1961.

A principios de los años sesenta, Bosch estaba tan hiperactivo como siempre, pese a que con 64 años de edad se acercaba mucho a su jubilación. Como Enrique Schueg Chassin, estaba obsesionado con la idea de expandir la empresa. Por cada dólar que invertía, se preguntaba cómo podría sacar la mayor ganancia posible. Los dividendos fueron recortados, en una medida que molestó a muchos accionistas. Algunos herederos se vieron obligados a trabajar por primera vez en sus vidas. Bosch apoyó en la búsqueda de trabajo siempre que se le solicitó. Algunos antiguos empleados, que difícilmente se sostenían en el exilio, también fueron incorporados a las nuevas empresas. La mayoría agradecían esta segunda oportunidad con afán y apego al trabajo.

La publicidad, fundamento del éxito

Entre los talentos que Bosch descubrió entonces entre los exiliados cubanos se encontraba Luis Lasa. Ambos se conocían desde mucho tiempo atrás. Habían trabajado juntos en la sucursal del First National City en La Habana, en los años cuarenta. Más tarde, Lasa llegó a ser director de publicidad en la filial cubana de Colgate-Palmolive. Luego de la Revolución abandonó el país, a manera de fuga, para evitar su detención. A Bosch le impresionó que el publicista hubiera declinado un puesto en Colgate-Palmolive para, en cambio, trabajar de manera honoraria en un campo de refugiados de Miami. De todos modos, Bosch le preguntó en 1963 si le interesaría un empleo en el departamento de promoción de Bacardí Imports. Lasa, que a sus cincuenta años no tenía grandes expectativas para su carrera en Estados Unidos, aceptó maravillado y viajó a lo largo y ancho del país para lograr que comerciantes, así como dueños de bares y restaurantes, incorporaran a Bacardí en su catálogo de bebidas. No era una tarea fácil puesto que, a diferencia de Bosch en su tiempo, Lasa debía atenerse exclusivamente a su poder de convencimiento. La nueva ley de competencia en Estados Unidos prohibía de manera expresa ofrecer copas de cortesía. Pero Luis Lasa, que pronto llegó a manejar de memoria los nombres de los doscientos comerciantes al mayoreo más importantes del país, tuvo el éxito suficiente como para que Bosch lo nombrara director de publicidad de Bacardí Imports.

El segundo caso afortunado de aquellos días fue Bill Walker, experimentado publicista que ya había trabajado para Bacardí

Imports en los años cincuenta. Luis Lasa le encargó el desarrollo de una nueva campaña promocional. Walker se desenmascaró entonces como el hombre preciso en el momento preciso. El "viejo zorro" detectó claramente cuáles eran las tendencias que movían a los consumidores a mediados de los años sesenta. En vez de whisky, vodka o ginebra, los clientes ordenaban cada vez más cocteles suaves en vasos largos. Walker reaccionó con una intervención genial. "Siempre con Bacardí, los mejores cocteles" y "Ron Bacardí, el que se mezcla" son algunos de los lemas publicitarios más exitosos en la historia de la empresa. Poco después vino uno notablemente responsable: "Bacardí con todo... menos conducir".

Una brillante maniobra de Lasa y Walker consistió en realizar campañas publicitarias en común con Coca-Cola. En mayo de 1966 apareció por primera vez un anuncio con el cual los lectores debían aprender la historia del coctel Cuba libre, así como aumentar las ganancias del ron y el refresco de cola. Se narraba la historia de un cubano llamado Fausto Rodríguez, presentada al estilo de principios de siglo. La fotografía correspondiente lucía un poco amarillenta y las botellas de Coca-Cola fueron estilizadas de acuerdo a la historia. En el anuncio, Fausto Rodríguez cuenta que en 1899 trabajaba como mensajero para el cuerpo de señales del ejército estadounidense. Un día fue invitado por un oficial a visitar una cantina. El oficial pidió ron y Coca-Cola y mezcló ambas bebidas. Esto fue presenciado por otros soldados, quienes comenzaron a pedir lo mismo. Se preguntó cómo se llamaba la bebida, pero no hubo respuesta. Pero como era cada vez más frecuente que entonces se brindara "por Cuba libre", se terminó por bautizar así la deliciosa bebida. Con esto adquiere nombre el famoso *rum and coke* que, desde hacía décadas, tenía un éxito sobresaliente en

Estados Unidos. Ambos productos adquirían, además, una maravillosa historia para promoción.

De acuerdo con Peter Foster, así se escribió un nuevo capítulo de la mitología Bacardí:

> Como la leyenda del "ron de reyes", no se trataba de una narración para sumergirse en la complejidad de la historia cubana. Naturalmente, los estadounidenses bebían ron desde hacía tres décadas, pero no ron cubano sino puertorriqueño. Al contrario de los inamovibles rituales que alimentaban los exiliados cubanos, en cuanto a la Revolución, el exilio y la traición, la compañía Bacardí estuvo muy activa y dispuesta al cambio en lo que atañía a la imagen de su marca.[66]

Fue gracias a esta refinada y elocuente publicidad que las ganancias registraron una alza constante. También contribuyeron a ello una economía mundial en auge, la tendencia reconocida por Walker en cuanto a los cocteles en vaso largo y un equipo de trabajadores altamente motivados y con extraordinarias facultades técnicas. En 1964 se colocaron en el mercado estadounidense un millón de cajas de ron; cuatro años más tarde ya eran dos millones y, en 1971, tres millones de cajas.

En una decisión individual, Pepín Bosch mudó la empresa Bacardí Imports de Nueva York a Miami. El desánimo fue grande entre quienes llevaban más de veinte años administrando el negocio de importación desde Nueva York. Pero esta ciudad estaba demasiado lejos del centro político de los exiliados cubanos. Además, en su opinión, la sede central debía estar situada cerca del Caribe; luego de haber perdido el Edificio Bacardí de La Habana, la empresa necesitaba un nuevo monumento.

Inspirado por un edificio que vio en Buenos Aires, Bosch mandó construir la nueva sede de seis pisos en el bulevar Biscayne de Miami. Como propuesta del artista brasileño Francisco Brennand, las paredes fueron decoradas con dibujos de flores blancas y azules. Esa fachada fue superada por el decorado de un segundo complejo que fue construido en el terreno, a raíz del auge de la empresa y de la necesidad de nuevas oficinas. Foster lo describe como "un bloque sobre una base enorme de color naranja, con paredes de vidrio colorido y sin ventanas... La agitada revoltura de estilos arquitectónicos hace que se extrañe el sentido de unidad, pero el edificio principal era un espectacular motivo publicitario gracias a su hermoso jardín".[67]

El gran jefe Bosch, el despiadado

Tan voluntarioso era Bosch cuando se trataba de nuevas construcciones y el traslado de la empresa, como falto de compromiso cuando disponía de las personas. Era promovido aquel que entregara resultados y demostrara lealtad; eran despedidos o degradados los menos motivados y los reticentes. Una que otra vez se enfrentó a sus propios hijos cuando pensó que el trabajo de éstos no correspondía a sus expectativas.

El más joven, Carlos, era llamado Lindy y luego de terminar sus estudios intentó ganarse la vida con una granja avícola y porcina cerca de Santiago. Al salir de Cuba, no le quedó otra salida más que pedir ayuda a su padre. La oportunidad se llamaba Bacardí International, una nueva empresa que Bosch había establecido en Bahamas en 1962. Todos sabían que Lindy tenía muy poca idea sobre el negocio del ron, pero el jefe había decidido y se le aguardaba. Al principio, Lindy trabajó con compromiso, pero se le consideraba extremadamente inseguro y débil a la hora de decidir. De momento, el padre dejó pasar esta carencia. En 1965, cuando Bacardí International tuvo que mudarse por razones fiscales a las Bermudas, el hijo recibió un puesto de vicepresidente. Su jefe era Joaquín Bacardí Fernández como presidente de Bacardí International. Joaquín siempre se mostró extraordinariamente leal a Bosch. El puesto de presidente de Bacardí International era una especie de premio del gran jefe para el representante de la línea genealógica de José Bacardí y Moreau. En el mismo nivel que Lindy, trabajaban Eduardo Cutillas, de la línea de Don Emilio y Juan Prado, un gerente de ventas sumamente talentoso que había causado una impresión positiva en Bosch desde La Habana.

Prado no decepcionó. Se desarrolló rápidamente en el negocio operativo internacional, saltando de ida y vuelta hacia Europa, Asia, Australia y Estados Unidos. Su meta era establecer una red administrativa estrecha y bien conectada. No era una tarea fácil, puesto que algunos mercados estaban alejados hasta quince mil kilómetros del lugar de producción. Eran muy importantes sobre todo aquellas bases operativas que se encontraban cerca de los centros administrativos. En 1967 se fundó una sucursal en Londres y en 1968 una delegación en Sidney. Además, la marca Bacardí debía promocionarse incesantemente y con lemas diferentes a los de Estados Unidos. La "disposición para mezclarlo", tema que en la unión americana era muy exitoso, en Europa no despertaba una reacción específica. El mercado trasatlántico necesitaba una nueva estrategia publicitaria. Luis Lasa y Bill Walker también respondieron de manera correcta. Desarrollaron la promoción para el mercado internacional con tres letras S: *Sun, Sand and Sea* (sol, arena y mar). Bacardí se promocionaba con chicas preciosas en bikini en playas paradisíacas, rodeadas de palmeras y mares de color turquesa. Peter Foster escribe: "El mundo de los Bacardí se convirtió en un paisaje omnipresente, permanentemente soleado y maravilloso; el equivalente al mundo Marlboro de la industria licorera".[68]

El exitoso Juan Prado no consiguió dar el salto a la cúspide de Bacardí International; en cambio, Lindy Bosch fue nombrado jefe a la salida de Joaquín. Las disonancias con el padre no dejaron de escucharse. Al contrario: el gran jefe utilizó todas las oportunidades a su alcance para recordarle a su hijo que de ninguna manera sería presidente del grupo. Este solo hecho era una humillación suficiente. Pero cuando el padre anunció que incorporaría a un gerente de la sucursal inglesa como jefe de Bacardí Internacional, con las mismas facultades que Lindy, éste tronó: "Jamás voy a aceptar a ese inglés a mi lado", habría dicho en su reacción. Y vaya que el inglés nunca llegó a Hamilton.

Jorge, el más grande, tenía un diploma como ingeniero químico y entretanto había sido incorporado a la carrera con un buen puesto de Bacardí Corporation, en Puerto Rico. No era un trabajador demasiado diligente, o al menos eso se murmuraba, pero era apreciado entre sus colaboradores. Así, nadie se opuso cuando Bosch lo convirtió en presidente de la compañía en San Juan. Pronto quedó demostrado que no fue una decisión acertada, pues en esa posición el hijo se sintió controlado y oprimido por el padre. Éste, de hecho, seguía el rastro a la vida de su hijo con el ceño fruncido. Por ejemplo, Bosch consideraba totalmente inapropiado y hasta decadente que Jorge se diera el lujo de rentar un jet privado. En 1972 sucedió un incidente que llevó al padre a suspender a su hijo de toda función. "Se descubrió que tanto las ventas como los dividendos habían sido objeto de una doble contabilidad, a causa de un error involuntario", dice Foster. "Esto condujo a una penosa corrección de las cifras publicadas en 1971. Jorge no había proporcionado la información, pero como director de la empresa era responsable por lo sucedido."[69]

El error se originó en la actualización de los sistemas computarizados, pero Pepín Bosch consideró que todo el incidente era imperdonable. Frente al pleno del cuerpo de directores puso a su hijo como trapo y a manera de castigo le ordenó asistir a un curso de actualización en administración de empresas en la universidad de Harvard. En lugar del hijo, el padre tomó la presidencia de la empresa en Puerto Rico. Aun después de que Jorge regresara, Bosch se mostró impasible y mandó a su hijo a Miami a trabajar en Bacardí Imports. Más tarde lo restituyó como director en Puerto Rico, pero él mismo permaneció hasta 1976 como presidente de Bacardí Corporation en San Juan. Esto fue recibido con petulancia y crítica encubierta por la familia, pues la mayoría opinaba, de repente y de súbito, que era de mal gusto poner a un hijo propio como presidente de una empresa filial.

Los jueguitos a veces justificados y a veces despiadados de Bosch eran anotados por la familia, pero sus exabruptos dictatoriales pocas veces traían consecuencias serias. La razón de esta permisividad estaba clara: los negocios iban cada vez mejor. Tan sólo las ganancias de la Bacardí Corporation de Puerto Rico dejaron en 1974 seis millones de dólares de dividendos, los cuales se repartieron entre cerca de doscientos accionistas. A ello había que sumarle el dinero de las otras empresas: Bacardí Imports de Miami, Bacardí International de las Bermudas, Bacardí Company de las Bahamas y Bacardí y Compañía de México.

Taimado por su éxito, Bosch quiso erigir un nuevo monumento arquitectónico en Bermudas. Bacardí International debía tener un nuevo e inconfundible rostro en Hamilton. La elección se originó en una propuesta que Mies van der Rohe había hecho en los años cincuenta en Santiago de Cuba y que, por causa de la inestabilidad política, no había podido llevarse a cabo. Como siempre y como en todo, Bosch fue aconsejado por su esposa Enriqueta e intentó dejar su propio sello. Se involucró incluso en la elección del mobiliario y, como reconoce Peter Foster, los resultados no siempre fueron del todo convincentes:

> El estilo áspero de Mies no parecía tener nada que ver con la colorida diversidad y la alegría de vivir del cubanismo. Pero Bosch se mantuvo en su intención de darle al edificio —de una sola planta y repleto de ventanales— un estilo florido y cargado de efectos. Desde el vestíbulo se veían las fuentes, una cascada que cambiaba constantemente de color y rollos de césped hasta la calle. Bosch encargó el equipamiento del vestíbulo al pintor cubano Félix Ramos, quien realizó un mural de cincuenta y cinco metros con escenas de la vida campirana en Cuba: la patria perdida de la familia. En la obra figuraban montañas repletas de verde y palmeras reales que se alzaban como torres hacia el cielo. El mural estaba flanqueado por dos grandes candelabros fabricados en la tradición holandesa.[70]

Cuando el edificio fue inaugurado en mayo de 1972, Bosch tenía ya 72 años de edad. Cerca de trescientos invitados de 64 países viajaron al evento; entre ellos figuraban miembros de la familia, así como directivos y antiguos empleados. Se respiraba felicidad por el nuevo edificio, así como orgullo por el crecimiento del imperio Bacardí.

Sin embargo, este buen ánimo se mezclaba con la tristeza por haber perdido la patria. ¿Qué destino le aguardaría a Cuba? ¿Había posibilidades reales de un pronto regreso? ¿Quién tendría un conocimiento realista sobre el ambiente en la isla y sobre una posible contrarrevolución? ¿Qué podría hacerse desde Miami para influir en el futuro político de Cuba?

Sobre todo, eran los hombres de la familia quienes hablaban de cosas distintas a los negocios, en estas u otras ocasiones. Alguons de ellos estaban profundamente involucrados en acciones políticas que tenían una sola meta: derrocar a Fidel

Castro. Hasta hoy, la sola mención de este nombre hace que florezcan reacciones de odio. Personas que de otro modo destacan por su amabilidad y actitud conciliatoria se transforman en auténticas hienas una vez que surge en la plática el nombre de Fidel Castro. Entonces los puños se blanden y retruenan los improperios. "Ese bastardo", dice irritada, cuarenta años después de la emigración, la curadora del Museo Bacardí en Miami. "Entonces todos hubiéramos querido que alguien lo matara. Cada vez que mi padre volaba con Bosch a Nassau, se hablaba de cuál sería la mejor manera de asesinarlo. Y si hoy sucediera, me alegraría tanto como en aquellos días. Siempre ha sido, y será, un terrorista."[71]

El golpe de Castro en perspectiva

Desde la aparición del libro Ron Bacardí. La guerra secreta, escrito por Hernando Calvo Ospina, es un secreto a voces que Pepín Bosch hizo mucho por ver logrados los deseos de la mayoría de los exiliados cubanos. La debacle en Bahía de Cochinos y el acuerdo de ambas superpotencias durante la crisis de Cuba dejaron en él una idea que llegó a transformarse en una obsesión: estaba predestinado a cambiar la historia de Cuba, a ser responsable de organizar la contrarrevolución en su patria. De Bosch vino la propuesta de nombrar una representación de cubanos en el exilio, entre la diáspora diseminada por todo el mundo. El organismo, legitimado por la elección, debía emprender iniciativas para la liberación de Cuba. Ha trascendido que en la votación de 1964 participaron cerca de 64 mil familias cubanas en Estados Unidos, Europa, América Latina y Australia, y que 95% se manifestaron a favor del quinteto sugerido por Bosch para dirigir el movimiento. Entre ellos se contaba un ex oficial del ejército del dictador Batista, al quien se le atribuían excelentes contactos con la CIA, así como el abogado Ernesto Freire, igualmente vinculado al espionaje estadounidense.

Por razones nunca esclarecidas, el gobierno en el exilio nunca llegó a constituirse. En vez de ello, entró en funciones la organización RECE (Representación Cubana en el Exilio), en cuya cima destacaba Tony Calatayud, soldado de la Brigada 2506, junto con Ernesto Freire y Jorge Mas Canosa, antiguo líder del estudiantado cristianodemócrata en Cuba. El grupo planeaba realizar actos de sabotaje y atentados terroristas para desestabilizar al gobierno cubano. Para ello recibía diez mil dólares cada mes, provenientes de la empresa Bacardí. Por supuesto, la suma era insuficiente para una acción efectiva, pues se necesitaban armas, aviones y lanchas rápidas. Por ello, la solicitud de mayores fondos entre los exiliados cubanos más ricos fue desde el inicio una de las tareas esenciales de la RECE. Los dólares llegaban en cantidades generosas siempre que se anunciaba una acción armada concreta en Cuba. La lista de proyectos de la RECE incluía desde actos de sabotaje contra embarcaciones cubanas ancladas en muelles mexicanos hasta la muerte de la cúpula entera del gobierno cubano. En la lista negra estaban Fidel Castro, su hermano Raúl y Ernesto Che Guevara. Ninguna de estas acciones tuvo éxito, pero la RECE siguió recibiendo apoyo masivo, también de la CIA. En 1958, el FBI entregó a miembros del congreso estadounidense un documento en el que se muestra cómo la oficina de la CIA en Miami proporcionaba dinero a la RECE para la continuación de sus acciones. Calvo Ospina, quien ve con ojos críticos a la empresa Bacardí, escribe: "En el mismo informe, el FBI aseguraba que tanto Mas Canosa como Freire eran agentes de la CIA".[72]

El nombre de Pepín Bosch aparece en numerosos documentos oficiales de la época. Hernando Calvo Ospina cita, por ejemplo, un memorando fechado el 15 de junio de 1964 y escrito por el agente de la CIA Gordon Chase a George McBundy, quien en aquel entonces era asesor de seguridad en la Casa Blanca.

> **Asunto: Asesinato de Castro.** Adjunto encontrará un memorando de la CIA en el que se describe una conspiración para asesinar a Fidel Castro, financiada por Pepín Bosch, en la cual están involucrados también elementos estadounidenses de la mafia. John Grimmis revisa el caso. Se propone hablar con Alexis Johnson y opina que el tema debe discutirse en una junta del Grupo Especial. Personalmente, John opina que el gobierno de Estados Unidos no debe permitir conscientemente una participación estadounidense de esta clase y que debe hacer todo lo que le sea posible con tal de acabar con este complot. Esto significa que el FBI debería hacer frente a los elementos criminales estadounidenses e intervenir con Bosch.[73]

El presidente de Bacardí habría ofrecido cien mil dólares a la mafia para acabar con Fidel y Raúl Castro; sin embargo, la honorable contraparte deseaba 150 mil, por lo que el trato no se cerró. Otros periódicos cercanos al personal de la CIA informan que Bosch había prometido 50 mil dólares, pero que esperaba recuperar dicha cantidad del gobierno de Estados Unidos o de otras fuentes.

Un año después de su fundación, la RECE comenzó sus trabajos de coordinación. Se pretendía establecer una unidad de acción y para ello se buscó que los grupos en que estaba dividida la diáspora cubana entraran en contacto entre sí. Aun en esta tarea nada fácil, el nombre de Pepín Bosch a veces logró maravillas. Bajo el lema "unidos somos más fuertes", la unidad entre Alfa 66 y RECE provocó que no cesaran las acciones de comandos o los atentados terroristas en Cuba. Sólo que el éxito no llegó; el gobierno de Cuba nunca estuvo en peligro real.

Jorge Mas Canosa, quien mientras tanto dirigía ya la RECE, escribió en una carta dirigida a la asistente de un legislador estadounidense que "la CIA podría hacer mucho más para colaborar a un levantamiento en el interior de la isla que condujera a la caída de Castro. Todo lo que les pido es su apoyo logístico para ayudar en Cuba a quienes aguardan desesperados que les enviemos las armas que necesitan".[74]

Estas y otras cartas similares encontraron el eco esperado. El 12 de marzo de 1970, la junta del comité ejecutivo de Representación Cubana en el Exilio autorizó un crédito de seiscientos mil dólares para actividades armadas. En los años siguientes, los fondos no sólo fueron utilizados para dotar a contrarrevolucionarios cubanos de armas, sino también para financiar a los "luchadores por la resistencia" patrocinados por la RECE. Cuando esta fase terminó, el dirigente Tony Calatayud anunció en abril de 1974, en un acto celebrado en Nueva Jersey, que comenzaría la "guerra en las calles del mundo". Esta guerra sería dirigida a las representaciones diplomáticas y comerciales de Cuba, así como contra navíos y edificios que mantuvieran relaciones comerciales con el gobierno de Fidel Castro. Otro objetivo serían instalaciones de la ONU.

El primer atentado que llamó la atención mundial se produjo en julio de 1974, cuando explotó una bomba en la representación diplomática de Cuba en París. El ataque fue reivindicado oficialmente por el Frente de Liberación Nacional de Cuba, una especie de burbuja en la que se juntaban todos los exiliados cubanos que habían participado en asesinatos por encargo de los servicios secretos y que abiertamente consideraban legales estas acciones. En agosto de 1976 siguió un atentado en Washington; una explosión en coche bomba en la cual murió el ex ministro de Relaciones Exteriores de Chile, Orlando Letelier. En el ataque habrían participado exiliados cubanos al servicio de la

CIA y de la policía secreta de Chile, la DINA. Entre los atentados comunes se cuenta también la explosión de un avión de Cubana de Aviación, el 6 de octubre de 1973, en el cual murieron 73 personas. El gobierno estadounidense se vio obligado a negociar, pues la opinión pública mundial estaba indignada y la prensa estadounidense demandaba poner un límite a estos "actores sanguinarios".

Ocho días más tarde fue detenido como instigador del atentado Orlando Bosch —quien no era pariente de Pepín Bosch— y Luis Posada Carriles. Ambos pertenecían a un círculo cercano a la dirigencia de la RECE. Posada Carriles era también colaborador de la CIA y, por encargo de los servicios secretos estadounidenses, había trabajado durante mucho tiempo como asesor de los servicios secretos venezolanos.

El cambio de ánimo en el gobierno de Estados Unidos respecto a los actos terroristas exigía nuevas estrategias en la guerra por una "Cuba libre". La "guerra en las calles del mundo" fue cancelada. El escenario de la lucha por la liberación se trasladaría cada vez más al terreno político. "Por consejo de sus poderosos amigos en el establishment estadounidense, Pepín Bosch puso al ambicioso Jorge Mas Canosa a tocar puertas en Washington", dice Calvo Ospina.

> Ahí se le permitía la entrada sin problema alguno, pues entre la RECE y algunos senadores republicanos existe buen contacto desde principios de los años setenta. El senador Jesse Helms, de Carolina del Norte, se tomaba muy a pecho la cuestión cubana. Lo mismo que Richard Stone, senador republicano de Florida, quien se afana por ayudar a los exiliados cubanos. En 1975, este legislador promovió una resolución cuya meta era obstaculizar toda forma de turismo hacia Cuba. Además, él apoyó la fundación del comité Americanos por una Cuba Libre, con cuya ayuda son utilizadas algunas insti-

tuciones democráticas para ejercer influencia en la política exterior estadounidense.[75]

En total, diecisiete senadores republicanos suscriben el llamado a fundar tal comité. Pepín Bosch también estaba entusiasmado por la iniciativa, pues había financiado desde un principio los trabajos del organismo. Él procuró que los exiliados cubanos ejercieran influencia directa sobre la política exterior de Estados Unidos hacia Cuba, perspectiva que miraba con optimismo.

Póquer al estilo Bosch. Los accionistas se defienden

Bosch ya tenía 76 años de edad, pero no demostraba tener intenciones de retirarse. Al contrario. En 1975, el hombre de negocios cosechó los frutos de su larga y tediosa pugna con el gobierno de Puerto Rico. Desde los años treinta, a la Bacardí Corporation le estaba prohibido exportar ron en grandes recipientes; sólo podían salir de Puerto Rico las botellas ya llenas. Con un truco rayano en la extorsión, Bosch consiguió que el gobierno boricua levantara la ley correspondiente. Bosch argumentaba que el cambio de régimen fiscal podría constituir un estímulo para que la empresa de larga presencia en Puerto Rico pudiera permanecer en la isla. Si esto no sucedía para la empresa Bacardí, él se vería obligado a construir una nueva fábrica en Jacksonville, Florida. El terreno ya habría sido adquirido. Naturalmente, las autoridades puertorriqueñas no podían permitirse la pérdida de ingresos fiscales provenientes de la empresa, ni tampoco la de puestos de trabajo. Bosch jugó al póquer y ganó.

Pero al empresario acostumbrado al éxito le esperaba un

duro golpe del destino. El 25 de octubre de 1975 muere su esposa Enriqueta luego de una larga lucha contra el cáncer. Luego de cincuenta años de matrimonio, fue una pérdida personal muy grande para el presidente de Bacardí y una herida profunda en la red de relaciones con la enorme familia. Enriqueta solía fungir como mediadora cuando Pepín se comportaba de un modo demasiado dictatorial con algún pariente. Ella también mantenía contacto con algunos miembros de la familia caídos en desgracia; guardaba siempre una palabra de apoyo para quienes suplicaban por una oportunidad. "Su muerte no sólo afectó el contacto con la familia, sino que además desató los nexos emocionales. El hueco que ella dejó hizo más grande el abismo entre Pepín Bosch y los Bacardí", comenta Peter Foster.[76]

Con ello resurgió también el ansia por definir la sucesión. Durante las exequias de Enriqueta, se observó detenidamente quién habló largo y tendido con Bosch y cómo. Cuando Pepín desapareció por largo rato con León Argamasilla, quien había llegado de Canadá, esto se vio como una señal de quién podría ocupar el trono.

Gran error. El hombre que había convertido a Bacardí en una marca de prestigio internacional y que había hecho millonaria a la familia, quien había hecho frente al comunismo y había demostrado fuerza en la construcción y desmontaje de la empresa, alzó la mano para dar un fuerte golpe a la familia Bacardí: informó que negociaba la venta de la empresa en su totalidad. El trato dejaría unos seiscientos millones de dólares. La familia estaba estupefacta. Algunos ni siquiera se tomaron en serio la propuesta, pensando que se trataba de un gesto con el que Bosch deseaba demostrar hasta dónde había llevado la empresa. El disparate fue rechazado al unísono. ¡Era imposible malbaratar la herencia! Bacardí era para la familia más que un nombre o una marca comercial. Bacardí era sinónimo de Cuba, la patria perdida. Vender Bacardí era como arrancarle las raíces. ¡Era una traición!

No era la única idea que lo alejó de la familia. Dado que no veía un sucesor, Bosch propuso traer un ejecutivo "de afuera". El nuevo personaje sería acogido bajo su ala y él lo prepararía personalmente para que se hiciera cargo. La idea no estaba del todo errada. El conocido profesor de Harvard, Harry Lewison, había advertido de los peligros de dejar patrimonios familiares en manos exclusivamente de los herederos. Su argumento: por lo general, la administración profesional consigue un mayor éxito que las directivas conformadas por herederos. Naturalmente, existían opiniones diferentes entre los especialistas en economía de aquellos días. Algunas voces opinaban, por ejemplo, que los vínculos familiares no juegan un papel decisivo en el éxito o fracaso de una empresa; otros factores como el tipo de traspaso o el momento en que éste ocurre serían de mucho más relevancia.

Bosch no prestaba oídos a quienes le contradecían. Por encima de todo, quería salvar la obra de su vida. En cambio, la familia quería a alguien de los suyos como sucesor, sobre todo los hombres de la rama de Facundo Miguel. Luis Bacardí Gaillard, enemistado con Bosch, y su sobrino en el consejo de vigilancia, Adolfito Danguillecourt (quien además administraba el treinta por ciento del capital accionario), de inmediato votaron en contra. En una reunión precipitada pero determinante, celebrada en Madrid, Daniel Bacardí Rosell y Joaquín Bacardí Fernández también votaron contra "el hombre de fuera" pese a que durante décadas habían apoyado sin miramientos a Bosch. Exigían más transparencia en los procesos de decisión y en general mayor democracia. Sin embargo, Bosch debería quedarse. La dictadura estaba muerta: ¡viva el dictador! Querían conservar a Bosch como el "gran viejo en la cúspide", como retrato conmemorativo. Bosch se negó a servir como proa, así que renuncia a su puesto como presidente de la empresa y se retira dolido a las Bahamas. No podía concebir la ingratitud de la familia.

El silencio fue breve hasta que Bosch volvió a inmiscuirse en asuntos de la empresa. En agosto de 1976, aparece en el *New York Times* un artículo cuyo autor proponía una dirigencia colectiva para el consorcio Bacardí. Se menciona a Manuel Jorge Cutillas como posible sucesor de Bosch, a quien se le atribuyen además las siguientes frases: "Cuando miro hacia atrás, siento gran satisfacción de haber dejado la empresa, pese a su interminable crecimiento, libre de deudas, préstamos y obligaciones".[77] El valor de la empresa es ubicado por dicho autor en cerca de setecientos millones de dólares. Luego viene una cita de una fuente anónima del clan familiar, que se deshace en elogios para la gestión de Bosch: "Si no hubiera existido él, muchos Bacardí tendrían que trabajar para asegurarse el sustento".[78]

Diez años más tarde, ya rondando los noventa años de edad, el ex presidente confía a su biógrafo Peter Foster las siguientes ideas, no exentas de veneno: "La mayoría de los Bacardí desean permanecer tras bambalinas y no dan valor alguno a la publicidad. Mi caso fue diferente. Estoy orgulloso de lo que conseguí. Los Bacardí no tienen ningún motivo para sentirse orgullosos. Jamás han conseguido ningún logro".[79] ¿Por qué el rencor? El biógrafo de la familia supone que a Bosch le irritaba saber que el imperio no se desmoronó tras su salida.

Dos años después de la muerte de Enriqueta y un año después de la memorable junta de Madrid, Bosch preparó un último ataque contra la familia cuando decidió vender sus acciones. Junto con su hijo Jorge, solicitó a un renombrado abogado de Nueva York que se diera a la búsqueda de compradores serios. Pocos cumplieron los requisitos. Las negociaciones más interesantes se dieron con la firma Hiriam Walker. El gigante licorero de Canadá ya participaba con 25% de la destilería FBM en Canadá y tenía mucho interés en apuntalar su participación en el grupo Bacardí. Bosch ofreció: 9% de Bacardí Corporation en Puerto Rico, 11% de Bacardí Imports en Miami, 8.51% de Bacardí & Company en Bermudas, 7.18% de Bacardí México, así como otras participaciones más discretas. Algunos miembros de la familia se habían sumado a la oferta de Bosch, de tal modo que Hiriam Walker podría adquirir un paquete de acciones general de 12% a cambio de 45 millones de dólares.

Antes del cierre, Bosch había ofrecido sus acciones a la familia, pero ésta consideró que el precio era desvergonzadamente alto y declinó. Fue un error imperdonable debido al enorme crecimiento sostenido durante largos años. Entre 1977 y 1979, el negocio del ron crece de manera explosiva. En un lapso de diez años, la parte adquirida por Hiriam Walker había cuadruplicado su valor. Cuando la familia compró las acciones de Bosch en doscientos millones de dólares, en 1987, el entonces presidente se vio obligado a admitir: "Si hubiéramos consultado a una bola de cristal, hubiéramos empeñado nuestras almas con tal de comprar. Hiriam Walker tuvo más confianza hacia nuestro futuro que nosotros mismos".[80]

Acrobacias entre el negocio y la política

José Pepín Bosch, quien en agosto de 1976 todavía se calificó en entrevista con el *New York Times* como un solicitante de empleo, a finales de esa misma década estaba más que preparado para invertir mayor tiempo y energía —y, por supuesto, dinero— en la cuestión cubana. Tenía suficiente de las tres cosas.

Luego de que fuera cancelada la "guerra en las calles del

mundo" a manos de la RECE, lo mismo que las acciones de organizaciones especializadas en el terrorismo, el trabajo de la resistencia se orientó más hacia los propios exiliados cubanos. Más de una docena de grupos debatían con regularidad en Miami sobre la situación en Cuba, sin que surgiera una sola señal esperanzadora. Para Pepín Bosch y otros dirigentes, estaba claro que no podían contar con una "victoria" rápida sobre el gobierno de Castro. Ahora, se trataba de consolidar redes políticas y de poder negociar en el momento preciso.

Un primer paso —apoyado por Pepín Bosch y otros miembros de la familia—, en dirección al cabildeo político, fue el establecimiento de la Fundación Nacional Cubano Americana (FNCA). Fue instituida en julio de 1981 como una sociedad sin fines de lucro que perseguía "fines científicos, educativos y caritativos". Los antiguos dirigentes de la RECE, así como numerosos colaboradores de la CIA, participaron en las reflexiones preliminares sobre la estructura de la nueva organización. La tarea de la fundación debía ser, entre otras, adquirir influencia política; además, era necesario "un comité aparentemente independiente, que se encargaría de canalizar las subvenciones a políticos sin comprometer al resto de la organización", según la formulación de Hernando Calvo Ospina.[81]

El periodista señala entre los miembros del consejo a Pepín Bosch, Clara María del Valle, Lourdes Abascal Quirch, José Bacardí y Manuel Jorge Cutillas. Al paso de los años, la representante más prominente de la familia sería Clara María del Valle, bisnieta de Don Emilio. Ella ascendió hasta la vicepresidencia de la fundación en 1999, puesto que hasta hoy ocupa. La FNCA recibe cantidades cuantiosas de dinero proveniente de las arcas del gobierno estadounidense, pues entre los promotores de la organización se encuentran entre otros los senadores conservadores Jesse Helms y Richard Stone, quienes años antes habían apoyado al comité Cuba Libre. Jeane Kirkpatrick, embajadora de Estados Unidos ante las Naciones Unidas durante la era Reagan y esposa de un antiguo alto funcionario de los servicios secretos de su país, también se involucraba con intensidad en favor de la FNCA. Era naturalmente un servicio de amigos para José Pepín Bosch, puesto que ambos ocupaban sendos asientos en el consejo de asesores del presidente Reagan, donde también intervenían Helms y Stone. Al margen de estas actividades se forjaron relaciones que una década más tarde cobrarían mucho significado para la política estadounidense hacia Cuba y para la familia Bacardí.

La Fundación Nacional Cubano Americana tuvo desde sus inicios una fuerte capacidad de convocatoria. Poco después de su establecimiento contaba ya con cien miembros entre los exiliados cubanos pertenecientes a la clase empresarial. Se cobraba una cuota anual que oscilaba entre los cinco y los cincuenta mil dólares. "Ninguna otra empresa y ninguna otra familia estuvo mejor representada durante tanto tiempo en este 'santuario' de la extrema derecha contrarrevolucionaria", afirma Calvo Ospina. Sus accionistas estarían involucrados en actos legales, secretos y de otro tipo que la FNCA llevó a cabo desde 1981. "Eran parte del grupo dirigente que tomaba las decisiones, aprobada proyectos y los realizaba; así servían principalmente a los intereses estadounidenses en la guerra contra Cuba."[82]

Entre los primeros hechos en concordancia con sus principios constitutivos, a finales de los años ochenta se instituyó un fondo para estudios cubanos (ECAS). Con éste se financiaban becas, seminarios, análisis políticos y otros actos públicos con el tema de Cuba. Por cada dólar que se recibía del presupuesto oficial, la fundación donaba otro. Cuando el congreso de Florida aprobó en 1991 un millón de dólares para incorporar al ESCA a la Universidad de Miami, la fundación donó otro tanto. En su mayoría, el dinero fue otorgado por los Bacardí. Esto era lógico, pues en 1986 se instituyó en esa universidad la cátedra Emilio Bacardí Moreau. "Personas cercanas a la fundación y a los Bacardí, como Luis Aguilar León, Irving L. Horowitz y Jaime Suchlicki, fueron invitados a ofrecer cursos sobre 'la historia de Cuba y el entendimiento de la cultura cubana', temas principales de la propia cátedra", escribe Calvo Ospina.[83] Recibió poca atención el hecho de que durante esos años, Manuel Jorge Cutillas, un posterior presidente de Bacardí, fuera presidente del Consejo de Asesores Internacionales de la Universidad de Miami. Esta función también abrió toda clase de posibilidades para ejercer influencia sobre el ECAS.

En la "guerra contra Cuba", que hasta la fecha llevan a cabo los grupos de resistencia de exiliados cubanos radicados en Miami, se produjo durante la segunda mitad de los años ochenta una formidable oportunidad para afectar el régimen de Castro. Entonces luchaban en Angola varios miles de soldados cubanos al lado del MPLA, contra las fuerzas del UNITA lideradas por Jonas Savimbi. Estados Unidos apoyaba por completo a Savimbi, pese a que los actos de barbarie del dictador habían conmocionado al mundo. Con una campaña promocional de seiscientos mil dólares, la agencia Black, Manafort, Stone y Kelly hizo un "tratamiento de belleza" al dictador para que resultara simpático al ciudadano estadounidense común. Por su parte, la fundación destinó fondos para el trabajo del comité UNITA, que promovía a lo largo y ancho de Estados Unidos apoyo para Savimbi. En mayo de 1986, apareció en el *Miami Herald* un anuncio que esclarecía el grado de partidismo suscitado por los enfrentamientos en Angola: "Nuestra relación con Jonas Savimbi y con el UNITA, su visita a Estados Unidos y la ayuda material que recibe de nuestro país, son una prueba de la efectividad de los esfuerzos por parte de la fundación para informar convenientemente a la opinión pública en los Estados Unidos e influir en ella."[84] Casi dos años más tarde, miembros del consejo de la FNCA viajaron a territorio controlado por UNITA en Angola. En Jamba, la capital provisional, hicieron pública una declaración conjunta en la que, entre otras cosas, se mencionaba

> que la lucha por la libertad, la democracia y la dignidad en Angola y también en Cuba significa para ambos pueblos una causa común..., en consecuencia, la Fundación Nacional Cubano Americana se compromete a tomar parte en una campaña mundial y en especial en Estados Unidos, para promover la justa causa de UNITA..., que UNITA se compromete a realizar esfuerzos auténticos para, una vez que la paz y la dignidad sean un hecho en Angola a través de la reconciliación nacional, apoyar al pueblo cubano hasta que la democracia en la patria sea restablecida.[85]

A los consejeros de la fundación les interesaba poco que las Naciones Unidas hubieran condenado vehementemente los crímenes de guerra de UNITA, así como que Savimbi fuera un líder militar brutal, además de un pillo y un asesino. El ejemplo de Angola demuestra cuán involucrada estaba la FNCA en la política exterior estadounidense a finales de los años ochenta. Todo eso con la expectativa de cobrar la recompensa algún día. La oportunidad se dio más rápido de lo previsto. El año 1990 hizo brotar la nueva esperanza. La Guerra Fría había pasado a la historia con la caída del Muro de Berlín. Los países comunistas luchaban por la supervivencia económica y por la anexión a los mercados capitalistas. Cuba, que a raíz el embargo económico era dependiente de las subvenciones soviéticas, temía por su futuro. ¿Seguirían ayudando los rusos a la isla? Los exiliados cubanos olfatearon una nueva oportunidad. Jorge Mas

Canosa, entonces presidente de la FNCA, envió un escrito a sus directores en el cual se perfila una estrategia para el total aislamiento de Cuba. La "caída de la tiranía" debía acelerarse mediante una mejor colaboración con la CIA, el FBI y el Consejo de Seguridad Nacional de Estados Unidos. Debían, además, desarrollarse proyectos comunes con la Secretaría de Estado en materia de política exterior que estuviesen "vinculados con la actual situación"; además propone "acciones contra el gobierno estalinista de Cuba." El documento acaba con las frases: "Nada ni nadie nos atemoriza. No lo deseamos pero, si la sangre ha de correr, entonces que corra".[86] Estas palabras recuerdan el escrito que Pepín Bosch dirigió a la Casa Blanca. En el membrete de la carta figuraban los nombres de quienes entonces eran los miembros del consejo, entre ellos José Bacardí, Manuel Jorge Cutillas y Clara María del Valle.

Un año más tarde se pone en marcha la citada estrategia. Una delegación de la FNCA, entre ellos representantes del consorcio Bacardí, viaja a Moscú para promover que Rusia cancele todas sus relaciones económicas y militares con Cuba. Como recompensa, se ofrece la consolidación de buenas relaciones con la comunidad empresarial de Florida. Acompañan a los miembros de la FNCA los congresistas Connie Mack y Larry Smith, quienes naturalmente tienen conocimiento de que la iniciativa fue acordada con la Secretaría de Estado y el Consejo de Seguridad Nacional. El 25 de diciembre de 1991, la delegación sostiene un encuentro con Andrej Kossyrew, el nuevo ministro de Asuntos Exteriores de Rusia. Éste coincide en su visión de Cuba y accede a cortar subvenciones, a introducir precios determinados por el mercado y a acelerar la salida de tropas rusas de la isla. Frente a cámaras y micrófonos, las partes brindan por el acuerdo alcanzado. Los vasos no estaban llenos de vodka sino de ron Bacardí. Calvo Ospina escribe:

Lo que llamó la atención fueron una caja y una botella en medio de la mesa; la caja traía inscrita la marca Bacardí. La multinacional había cortado una gran tajada del pastel para su expansión. Bendecida por las imágenes, la televisión y los medios impresos, había ganado libre acceso a un mercado inmenso.[87]

6. "¡Vende y llévate tu dinero al banco!"
La familia en crisis

Algunos de los Bacardí pudieron respirar más tranquilos cuando Pepín Bosch dejó el camino libre para su sucesión, en 1976, en medio de sus desplantes obstinados. Pese a la molestia del "viejo", el clan familiar ahora podía reflexionar sobre los cambios estructurales que necesitaba la empresa y construyó todo ello sobre la base de la comprensión que de toda la situación tenía el nuevo hombre en la cima: Edwin Nielsen, llamado "Eddy".

Eddy Nielsen estaba ligado a los Bacardí por parte de su madre. Su padre era un físico noruego que se casó en Estados Unidos con Lucía Schueg Bacardí, hija de Amalia Bacardí y Moreau y Enrique Schueg Chassin. Eddy creció en Estados Unidos, asistió a la universidad en Nueva Inglaterra y sirvió en el ejército estadounidense. Luego se fue a Santiago para acumular sus primeras experiencias laborales en la Compañía Ron Bacardí. Sin embargo, no parecía especialmente complicado. A finales de los años cincuenta, sus intereses principales estaban en la cría de ganado, así como en la extracción y producción de mantos acuíferos y de sal. Los Schueg Bacardí poseían vastas extensiones de terreno en las cercanías de Santiago. El joven Nielsen se sentía a gusto en el relativamente apacible oriente, hasta el día en que los revolucionarios declararon propiedad del Estado los latifundios. Entonces fue que Eddy regresó a la empresa, por deseo de su tío Pepín Bosch. Trabajó primero en Miami y luego en México en posiciones de nivel intermedio, hasta que en 1971 se incorporó a la presidencia de Bacardí Imports y tuvo mucho éxito.

La familia lo nombró sucesor de Bosch en 1976, dado que entretanto Eddy se había transformado en un directivo con experiencia y, con poco más de cincuenta años, estaba en edad para emprender nuevos proyectos. Además, seducía con su personalidad cautivadora. Era amable y, al contrario de Pepín Bosch, siempre era capaz de escuchar y tenía mucha facilidad para comprender las preocupaciones de sus colaboradores y los miembros de la familia. ¿Los accionistas querían más democracia? ¿Cambios en las estructuras formales? ¿Más transparencia y mayores posibilidades de tomar parte en las decisiones? ¿Por qué no? Él estaba dispuesto a todo.

Entre las primeras grandes innovaciones de la administración de Nielsen estuvo la fundación de INTRAC, International Trademark Consultants, con sede en Costa Rica. La nueva empresa era una especie de burbuja que contendría a las cinco compañías independientes del Grupo Bacardí. Se le concibió como un órgano mediante el cual sería posible mantenerse en contacto, intercambiar innovaciones sin compromiso alguno y convenir planes de desarrollo. Su director de negocios era Guillermo Mármol, quien durante largos años fue el brazo derecho de Pepín Bosch; él conocía la compleja estructura del consorcio y la mentalidad individual de los miembros de la familia que ocupaban posiciones directivas.

Siete miembros deberían representar las cuatro ramas familiares en INTRAC. Los representantes habían heredado en sus genes algunas cualidades de sus ancestros adictos a los negocios. Así, en el nuevo organismo estaban, entre otros, Luis Gómez del Campo Bacardí y su primo Adolfo Danguillecourt Bacardí, ninguno de los cuales era una luminaria en el mundo de los negocios. Luis Gómez del Campo, que se calificaba profesionalmente a sí mismo como un "inversionista privado", había trabajado brevemente en el departamento de Promoción de Bacardí & Company en las Bahamas, poco después de la emigración. Luego limitó sus actividades al jet set europeo y se presentaba en cualquier lugar donde sus clientes potenciales dejaban huella. De preferencia deambulaba por el casino de Monte Carlo. Algunas lenguas afiladas de la familia lo llamaban playboy, pero él se calificaba a sí mismo como "epicúreo".

En la tarjeta de presentación de Adolfo Danguillecourt, quien vivía en Madrid, se especificaba la profesión de "Consultor de negocios". Nunca había trabajado en las empresas de la familia, lo mismo que Eusebio "Cuchi" Delfín, nieto de Emilio Bacardí y Moreau. Cuchi trabajaba como abogado y poseía acciones, pero no se sabía nada más de él.

En cambio, Manuel Jorge Cutillas se había enjuagado en todas las aguas empresariales. Era un bisnieto de Emilio que había trabajado en la empresa desde su vigésimo año de vida. Era jefe de Bacardí & Company de las Bahamas y era considerado el representante más talentoso de la quinta generación.

Representantes de la rama Schueg-Bacardí, cuya participación accionarial se había desplomado cerca de doce por ciento desde la venta de las acciones de Bosch, eran Eddy Nielsen y Víctor Arellano, quien se había casado con una hija de Jorge, hijo de Enrique Schueg. Los Arellano Schueg vivían en México, donde Víctor ocupaba un lugar en el consejo de Bacardí y Compañía.

El séptimo miembro de INTRAC era Alberto Bacardí Bolívar, el cual representaba a la rama —poseedora del diez por ciento de las acciones— de José Bacardí y Moreau. Alberto era entonces presidente de la destilería FBM en la localidad canadiense de Brampton y estaba casado con Hortensia, hija de Daniel Bacardí Rosell. Ambos trajeron al mundo ocho hijos que tenían el raro privilegio de apellidarse Bacardí Bacardí. La doble fortuna, sin embargo, se manifestó desconectada de estos apellidos. A la postre, Alberto provocaría su despido del imperio Bacardí.

"Alberto era el prototipo de una 'realeza comercial'. No sólo lucía como un ídolo de matiné cubano; además poseía una sonrisa que valía mil cajas de Bacardí. Alberto no sólo se sentía orgulloso de ser un Bacardí. Su madre era descendiente del famoso revolucionario sudamericano Simón Bolívar. Alberto llevaba la Revolución en la sangre", afirma Peter Foster.[88]

Alberto y su padre Joaquín Bacardí Fernández, a diferencia del resto de la familia, se involucraban con entusiasmo en las campañas publicitarias de la firma canadiense. Por ejemplo, hay un anuncio en donde aparece el en verdad guapo Alberto a la orilla de un escritorio. Detrás de él puede apreciarse una vieja fotografía de la familia. En el texto dice: "No solamente somos el nombre sobre la botella. Somos la familia que hay detrás. En 1862, mi tatarabuelo logró un ron extraordinariamente suave y ligero. Pronto se convirtió en el más famoso del mundo".[89]

Las trampas de la diversificación

Tras el retiro de José Pepín Bosch hubo un periodo de gran paz y felicidad por los sensacionales resultados en los negocios de 1977 a 1979. Bacardí podía alimentar a la prensa con buenas noticias. En 1978, la empresa vendió 7.392 millones de cajas tan sólo en Estados Unidos. Con ello, Bacardí se situó en el número uno entre las marcas de licor en la unión americana. Las utilidades de la empresa en 1976 se ubicaron en "sólo" 12.6 millones de dólares con un volumen de ventas de 153.3 millones; para 1979, estas cifras se incrementaron a 39.4 millones de utilidades con un volumen de ventas de 220 millones de dólares. En un lapso de tres años, el ingreso de la familia se había más que triplicado. Los Bacardí nadaban en dinero. En 1980 la empresa se ubicó entre las primeras diez de su ramo. Encima de Bacardí estaban Seagram, Heublein, National, Schenley, Hiriam Walker y Brown Forman. No se veía fin a las tasas de crecimiento de 18% anual en promedio. Se abrieron seis nuevas destilerías y se desarrolló un programa novedoso de control de calidad. El ron Bacardí debía tener siempre la misma calidad y eso lo sabían los directivos, sin importar que fuera embotellado en España o en Recife, en India o en Alemania. Los encabezados positivos daban para más.

En un folleto de la empresa se dice:

> En los años ochenta se romperán algunas marcas. Bacardí será el número uno entre las bebidas espirituosas y se producirá la caja número 200,000,000 desde la salida de la isla. La década también se caracteriza por un mercadeo especial con base en eventos. ¡En Miami se fabricó una barrica con capacidad para trescientos galones, con lo cual se consiguió entrar al libro de récords Guinness! La publicidad con el lema *Sun, sand and sea* será reforzada y comenzará una era de innovaciones en los productos mismos.[90]

La familia estaba llena de júbilo cuando, en septiembre de 1983 se congregó en Acapulco para celebrar el éxito en la producción. Sin embargo, el cuerpo directivo viajó con sentimientos encontrados. En México, Eddy Nielsen y su ejecutivo adjunto Manuel Jorge Cutillas querían comunicar confidencialmente a algunos miembros de la familia un plan de diversificación. Tenían la intención de acabar con el concepto de empresa basada en un solo producto, para pasar a uno en el que hubiera todo un espectro de productos que ofrecer. Ambos habían reflexionado sobre el desarrollo del mercado licorero de Estados Unidos. Desde hacía una década, la demanda de bebidas como el whisky escocés y el bourbon iba en declive. Las llamadas "marcas blancas" habían sacado provecho, entre ellas el Bacardí Carta Blanca y el vodka Smirnoff. Pero desde principios de los ochenta, éstas también tuvieron un estancamiento en la demanda. No era necesario escarbar demasiado para encontrar las razones de la parálisis en las ventas. Por principio de cuentas, el mercado estaba saturado gracias a los niveles de producción de los años anteriores; por otro lado, en Estados Unidos existía un movimiento antialcohol que tenía cada vez más adeptos. En 1982, de acuerdo con encuestas, la mitad de la población se decía convencida de que la abstinencia era mejor que beber con moderación; 40% opinaba que el abuso del alcohol conducía a problemas sociales y de salud pública; 62% estaba a favor de poner advertencias en las etiquetas y 54% simpatizaba con la idea de aplicar mayores impuestos al alcohol. Investigaciones según las cuales el consumo moderado era inofensivo y en algunos casos incluso benéfico, fueron ignoradas por la prensa. Los especialistas en mercadeo comunicaron a sus jefes en 1980 que uno de cada veinte tragos servidos en Estados Unidos era de ron Bacardí. La empresa acaparaba el sesenta por ciento del mercado de ron en Estados Unidos, y en ello difícilmente podría haber avances. A raíz de las actividades de los grupos antialcohol, la seguridad desapareció entre los hombres que ocupaban la cúpula del consorcio. La trémula pregunta era: ¿qué pasará cuando nadie quiera beber Bacardí; si la gente ordena cada vez más Coca-Cola sin agregarle nada?

En el encuentro de Acapulco, Nielsen y Cutillas dieron la respuesta: diversificación. Admitieron también que desde hacía varios años Bacardí Corporation de Puerto Rico había comenzado a distribuir alimentos y bebidas en la isla. También se habían comprado dos empresas pequeñas para dotar al mercado puertorriqueño de artículos eléctricos y electrónicos, entre ellos videograbadoras, radios despertadores, televisores y aparatos telefónicos. Además, ambos directivos informaron a la familia de la reciente fundación de una empresa llamada Bacardí Capital, con sede en las Bermudas. Peter Foster escribe que el mandato de la empresa sería

> ofrecer servicios financieros a cada empresa del grupo. Los accionistas, tanto los miembros de la familia como los demás, podrían así sacar provecho económico. En el futuro, esta empresa podría ocupar un lugar clave, teniendo como condición que se estuviera en disposición de movilizarse hacia nuevas áreas de negocio. La palabra mágica del futuro, opinaba Nielsen, era diversificación, expansión de la variedad de productos.[91]

El encuentro en el hotel Princess de Acapulco fue todo un éxito. Encantados, los viejos del clan se tomaron fotografías con los más jóvenes, sobre todo las cabezas de la familia, Daniel Bacardí Rosell y Joaquín Bacardí Fernández. Se registró el parecido entre estos y otros parientes ya fallecidos; se narraron historias antiguas del pasado cubano; las presentaciones no tenían fin. Alguien faltaba: Pepín Bosch, que aun renegaba. Su relación con los Bacardí se mantendría deteriorada hasta su muerte en 1994.

En el programa obligatorio de la reunión estaba incluida una visita a la planta de Tultitlán. Ahí se juntó parte del grupo visitante para una fotografía del recuerdo; debajo aparecía un lema que algunos de los familiares más apegados recordarían con agrado: "¡Cierren filas y unan fuerzas!". Unan fuerzas y no las desperdicien en aventuras de diversificación, opinó desde el principio Daniel Bacardí Rosell. Éste recordaba gustoso la postura de Pepín Bosch, quien alguna vez dijo a la revista *Forbes*: "Nos han ofrecido en venta cavas de vinos, destilerías de cerveza y mucho más. Pero, ¿qué sabemos nosotros de la elaboración del vino? ¿Entendemos más de cerveza que Budweiser o Schlitz? De lo que sí sabemos, y mucho, es de ron".[92]

Daniel se opuso desde la reunión de Acapulco, cuando los directivos manifestaron que la diversificación era la única llave hacia el futuro. Argumentaba que el mercado de ron aún no estaba completamente agotado; mercados internacionales como Japón y Francia esperaban ser conquistados. Y además, nadie parecía ignorar qué hacer con los excedentes: cada accionista agradecía las derramas adicionales. Toda inversión en empresas que no estaban relacionadas con el ron era superficial para Daniel e incluso peligrosa. El tiempo le daría la razón.

Pero Eddy Nielsen, Manuel J. Cutillas y la mayoría de los miembros de INTRAC tuvieron una percepción muy distinta desde su primera junta. La compra de la firma Lloyd's Electronics con sede en Edison, Nueva Jersey, ya estaba amarrada. El precio de compra: doce millones de dólares. La empresa comerciaba productos baratos provenientes de Asia y entre los conocedores no tenía muy buena fama. Sus negocios marchaban mal. En 1984, la empresa perdió 5.3 millones de dólares; al año siguiente fueron 5.4 millones. En el ejercicio 1984, los directivos de Bacardí comunicaron a los accionistas que tenían "todo bajo control". La planta ejecutiva había sido despedida y en el catálogo habían sido incorporados productos muy prometedores. Pero de hecho la situación empeoró. Al parecer, era imposible vender los productos de Lloyd's. En 1985, los ejecutivos de Bacardí decidieron deshacerse de la empresa. Pero incluso esto representó algunos problemas, pues al final la aventura de Lloyd's consumió un total de 29 millones de dólares en los libros contables. Para una empresa cuyo valor en los años ochenta estaba evaluado en 1.8 mil millones de dólares, 29 millones parecían más una baratija que una tragedia. Pero el honor de los Bacardí había sido lastimado. Nunca antes en la historia del consorcio habían tenido que soportar una pérdida tan alta. En su informe para el ejercicio 1985, los directivos se vieron obligados a admitir algunos errores:

> Nuestra incursión limitada en el negocio de los artículos electrónicos fue decepcionante. Sin embargo, estamos convencidos de que la diversificación es un curso sensato y necesario. Debemos seguir explotando el potencial oculto, sobre todo en sectores cercanos a nuestra experiencia y nuestro conocimiento técnico.[93]

Nueva trampa, nuevas pérdidas

Mientras el experimento de la diversificación terminaba con este fiasco para la Bacardí Corporation, la reciente fundación de Bacardí Capital se exhibía como una mera máquina de desperdiciar dinero. Ya al segundo año de su establecimiento, la empresa se encontraba en serios problemas financieros. El consejo, del cual formaban parte Eddy Nielsen y Manuel Cutillas junto con Pete O'Hara, Eduardo Cutillas y el abogado Nicholas Dill Jr., no reaccionó con oportunidad; aparentemente, como llegó a conocerse después, esto se debió a que los gerentes financieros, que tenían poco tiempo de haber sido contratados, encubrieron la verdadera dimensión de las pérdidas. Para 1985 reportaron números rojos por dos millones de dólares cuando en realidad los errores especulativos en divisas y carteras de acciones representaron una pérdida de trece millones de dólares.

El hombre en la cúspide de Bacardí Capital se llamaba Righter Brewster y había sido sugerido por *headhunters*. Brewster podía presumir un excelente historial académico en la universidad de Harvard, así como instrucción en el cuerpo de Marines y experiencias laborales en grandes empresas estadounidenses. No le faltaban confianza en sí mismo ni la habilidad para imponerse. Luego de una cacería de palomas, en la familia se le conocía amistosamente como "Rambo"; otros lo llamaban "Rocky" o "Dispárale" Brewster.

Brewster y su equipo —escogido por él mismo— fueron alojados en el edificio de Bacardí International, donde todos podían observar a todos gracias a los grandes ventanales. Pese a ello, el consejero Eduardo Cutillas, quien tenía su oficina en el mismo edificio, no quiso saber nada del sonoro desastre financiero sino hasta el final. ¿Acaso no coincidían permanentemente en la cafetería, en los corredores o en otras ocasiones?

El equipo de Brewster se destacaba por su juventud y su dinamismo sobresaliente, acorde con el capital inicial de 140 millones de dólares que pusieron a su disposición Bacardí & Company en Nassau y Bacardí International en Bermudas. La aventura comenzó con compras de sociedades financieras y compañías de seguros, también con participación en corredoras bursátiles y un fideicomiso en las Islas Caimán. Los "viejos" estaban sorprendidos por la energía de los jóvenes gerentes financieros; miraban con envidia los privilegios de los cuales gozaban y, al mismo tiempo, tenían el presentimiento de que habían encontrado la gallina de los huevos de oro. Eduardo Cutillas comenzó a fruncir el ceño cuando Brewster exigió participación en las ganancias tanto para él como para sus colaboradores. Temía que la desproporcionada ambición fuera una amenaza a la seguridad que le era tan necesaria a la empresa. Su desconfianza estaba justificada, pero por lo pronto no se tradujo en sanciones ni en reglamentos que pusieran límite al desatado grupo de compradores y vendedores.

A principios de 1985 se produjeron nuevos y más graves errores. Semana tras semana, Bacardí Capital perdió 3 millones de dólares. El 17 de febrero de 1986, el consejo se enteró de que las pérdidas totales sumaban 21 millones de dólares. Righter Brewster había ocultado 13 millones de dólares que se habían perdido en el último trimestre del año previo. Por supuesto, prometió hacer lo que fuera necesario para por lo menos recuperar los 21 millones. La promesa permaneció como tal, pues la fortuna se había perdido para siempre. Brewster fue despedido por Eddy Nielsen en persona, luego de que un auditor reportara al consejo el total de las pérdidas, a principios de 1986.

Los colaboradores cercanos a Nielsen estaban estupefactos y llenos de vergüenza. ¿Cómo era posible que hubiera sucedido eso? ¿Cómo habían dejado que su buena fe hubiera sido manipulada hasta llegar a los números rojos? ¿Cómo explicarían tal debacle a los accionistas? No sería la última píldora amarga que tendrían que tragar.

A causa del estancamiento en las ventas, otros fabricantes y distribuidores de licor habían invertido grandes esfuerzos en tratar de enfrentar las pérdidas a través de fusiones o participaciones accionariales. Hiriam Walker, por ejemplo, se había involucrado en el negocio de los gaseoductos y en empresas petroleras. ¿Por qué entonces no hacer cosas junto con Hiriam Walker? Después de todo, la empresa poseía ya 12% de las acciones de Bacardí, tras la venta del paquete de Bosch y mantenía el 25% de la participación en la compañía canadiense. Nielsen y Cutillas propusieron a los ejecutivos de Hiriam Walker un aumento en la participación accionarial hasta de un 25%; a cambio, querían adherirse a las participaciones de Walker por una suma de un orden entre doscientos y trescientos millones de dólares. El trato ya había sido cerrado con un apretón de manos. Pero los directivos no habían consultado sus planes con la familia. Fue un error decisivo pues, en cuanto se enteraron del negocio que estaba en ciernes, los directores de INTRAC mostraron más rechazo que aceptación. En especial, Alberto Bacardí Bolívar estaba indignado por lo que consideraba una arbitrariedad por parte del trío Nielsen-Cutillas-O'Hara. Justo él, que desde hacía una década conocía bien a la administración de Hiriam Walker, debía haber sido consultado. Después de todo, tenía un conocimiento privilegiado y sólo él hubiera advertido los posibles peligros que representaban los hermanos Reichmann. Éstos tenían demasiado dinero y Alberto temía que a la postre la adquisición alimentaría su hambre de allegarse una mayor parte del imperio Bacardí.

Nielsen confrontó las objeciones de Alberto. Y lo hizo de una manera no muy sensible, pues Eddy, que llevaba buena amistad con los hermanos Alberto y Jorge Bacardí Bolívar, debía haber sabido que Alberto se consideraba un excelente ejecutivo y que no había renunciado del todo a sus aspiraciones por ocupar algún día el sillón presidencial. La proyectada fusión movilizó rápidamente a la familia y atemorizó especialmente a los viejos Bacardí residentes en Madrid. Amalia, una de las tres hijas de Don Emilio que aún vivían, fue la primera en reaccionar ante el plan, que consideró una infamia. Para ella era una perspectiva sumamente dolorosa imaginarse que un día la herencia de su amado y venerado padre recayera en manos extrañas. Ya una vez ella, junto con la mayoría de los familiares, se había opuesto a una absurda idea de Pepín Bosch en cuanto a la posible venta de la empresa. Ahora, el peligro de una adquisición por parte de otro consorcio estaba muy cercano. Debía actuarse con prontitud. Diligente, la decana accionista recabó firmas para una declaración en la que ella y los demás signatarios manifestaban que bajo ninguna circunstancia estaban dispuestos a ceder su participación accionarial, "cualquiera que fuese el precio de la oferta". La maniobra de Amalia estaba cargada de nostalgia mezclada con lealtad hacia la familia. No sólo el dinero, sino también el respeto y el orgullo eran importantes para el nombre Bacardí.

Pero los tiempos habían cambiado y, con ellos, también el papel de la familia. El nombre Bacardí era, para aquel entonces, interpretado de diversas maneras. Peter Foster lo resume de manera concisa:

> Para la comunidad de negocios que trabajaba más allá de Biscayne Boulevard, Bacardí era un producto que debía venderse; para los abogados de Nueva York o Nassau, era una marca comercial que debía conservarse; para los ingenieros en Puerto Rico o Recife, era un proceso de producción que debía mantenerse en marcha; para los publicistas y expertos en mercadeo de Miami o Londres, era una imagen que debían cuidar; para los empleados de alto nivel era una compañía por cuyo crecimiento eran responsables; para Eddy Nielsen y sus cercanos colaboradores era un imperio cuya administración debía ser planificada con exactitud estratégica. Para muchos miembros de la familia, el nombre estaba conectado a concepciones muy distintas. Para los zánganos, Bacardí era una máquina de hacer dinero: por el frente entraba la melaza y por detrás salían los dividendos. Para la generación más vieja que creció antes de la revolución —por ejemplo, Amalia— Bacardí era más que un apelativo de negocios. Estaba conectado a un modo especial de vivir. Santiago de Cuba estaba muy lejos y muy en el pasado, pero con el golpe de Castro el nombre Bacardí había cobrado una nobleza simbólica. La lucha consecuente de la compañía contra el régimen comunista que apagó una etapa decisiva de su historia, confirió al nombre un significado más profundo entre la comunidad de cubanos en el exilio.[94]

Se forma la disidencia

Luego de que zozobrara la proyectada fusión merced a los 35 votos en contra, Alberto se atrevió a dar un paso más al frente y convocó a una junta extraordinaria de INTRAC. En ella debía darse a conocer una resolución para reglamentar de manera incontrovertible la futura relación entre Bacardí e Hiriam Walker. Walker declararía que ni entonces ni en el futuro buscaría una fusión con Bacardí.

El tiro para Nielsen le salió por la culata. Eddy llamó al rebelde a su oficina y, de la manera más casual, le notificó que apenas había alcanzado los votos necesarios para la junta especial; sin embargo, no había conseguido los suficientes para avanzar con la resolución. Pero al presidente tampoco le iba demasiado bien. Se había percatado de que crecía la desconfianza hacia su liderazgo entre el grupo que se había formado alrededor de Daniel y Alberto luego de que se dieron a conocer los planes de diversificación. Se le imputaban mentiras e intromisiones, e incluso se hablaba de traición a los ideales de la familia.

Todo ello se hizo patente a finales de 1985 e inicios de 1986. En julio de 1986, Eddy se vio obligado a informar a los accionistas sobre las grandes pérdidas de Bacardí Capital. Sin duda, se trataba de un asunto que rebasaba con mucho el mero dolor y sería difícil sortear las suspicacias de los accionistas disidentes. De todos lados tronaron acusaciones de traición; los accionistas se veían rodeados de pillos y lanzaron reproches por la poca apertura por parte de la dirigencia. La desconfianza había tomado un cariz casi de histeria y produjo los rumores más absurdos, así como un estado de alerta entre los disidentes. Por ejemplo, no parecía del todo absurda, e incluso conservaba su vigencia, la idea de transferir el cien por ciento de la Bacardí Corporation de Puerto Rico a manos de la familia. En 1962, debido a razones fiscales, Pepín Bosch se había visto obligado a ofrecer una pequeña parte de las acciones a la venta pública, para someterse así a las reglas del juego de los inspectores bursátiles con sede en Washington. Entre esas reglas estaba también la rendición de un informe público sobre las cuentas trimestrales.

De nuevo fue Daniel Bacardí Rosell el primero que habló de "basura". "Daniel opinaba que el intento de transferir propiedades de la familia era una maniobra de los directivos para poder allanarse y así ocultar información a los accionistas", opina Peter Foster.[95] Compartía esta opinión Adolfo Comas Bacardí, primo de Daniel. Adolfito, en su calidad de director adjunto de Bacardí Corporation y gerente del área de diversificación, era corresponsable por las altas pérdidas en que se había incurrido con la compra de Lloyd's Electronics. La responsabilidad principal, sin embargo, recaía en el jefe de la compañía, Manuel Luis del Valle, quien ahora hacía todo lo posible porque Adolfito recuperara el sentido común. Comas Bacardí debía aprobar a toda costa la "privatización" o de lo contrario podía contar con su despido. Era una idea que Comas Bacardí consideraba absurda, pues finalmente lo que querían él y otros disidentes era proteger a los accionistas. ¡Según su punto de vista, los malos de la película no eran los disidentes sino aquellos que pretendían obstaculizar una mayor transparencia y poder de decisión para los accionistas! Y como él creía que la apertura era una de las virtudes más importantes, en noviembre de 1986 confió a los colaboradores de Bacardí Corporation las reformas planeadas. Al mismo tiempo, les aseguró que no debían temer por sus puestos de trabajo.

Entretanto, el grupo de disidentes estaba enamorado de

su nuevo papel al transformar en un campo minado la cancha abonada con dólares de la familia. El grupo poseía un total de quince por ciento de las acciones. No era algo amenazador, pero era suficiente para poner muchas piedras en el camino del cuerpo directivo.

En la junta de INTRAC en diciembre de 1986, Daniel confrontó a los miembros del consejo con un programa de cinco puntos. A nombre de los disidentes, exigió un mejor control en cualquier otro intento de diversificación; una distribución clara de las ganancias en porciones de 50%: 25% a las reservas y 25% a nuevas inversiones que estuvieran en armonía con los deseos de los accionistas; acceso a los informes de los auditores; rendiciones trimestrales de cuentas y la obligatoriedad de que cualquier iniciativa de venta o fusión fuera aprobada por una mayoría de tres cuartas partes de los accionistas. Con estas demandas, los disidentes emitieron indirectamente un voto de desconfianza hacia los directivos. Se decidió que el documento se discutiera a principios de 1987. Sería entonces cuando un directorio colegiado de cinco personas decidiría sobre los deseos de esta minoría disidente. Las despedidas fueron amistosas. "La mayoría de quienes participaron en la junta se encontrarían de nuevo en el vuelo de regreso", escribe Peter Foster. "Eddy Nielsen y Guillermo Mármol se sentaron junto a Adolfo y a su esposa. Mármol hizo más de una caravana a Adolfo y le pidió que lo ayudara con el protocolo necesario. Tales gestos reflejaban el deseo de Nielsen de lograr una distensión. Pero los disidentes ya habían definido qué rumbo tomarían."[96]

Los rebeldes habían descubierto que bajo las reglas de los inspectores bursátiles, una participación accionarial solamente podía ser comprada de nuevo si el número de accionistas era menor a trescientos. Era absolutamente necesario, pues, conseguir que esa cifra se mantuviera alta. Daniel tuvo la espectacular idea de repartir acciones como regalo de Navidad. El abogado neoyorquino Sam Butler, contratado por la empresa, y su colega Finkelson recibieron sendas acciones; el jefe de publicidad Luis Lasa, que entretanto se había jubilado, también fue favorecido; amigos, parientes y colaboradores recibieron asimismo el pequeño presente. Adolfo Comas consideró además a su secretaria y sus hijos, al abuelo de su esposa Olga y a muchos más. Algunos inversionistas puertorriqueños que se enteraron de la acción preguntaron a Adolfo si debían vender sus acciones. La respuesta fue negativa. En pocas palabras: la estrategia de los disidentes fue un éxito. En Puerto Rico las cosas siguieron como siempre.

El imperio contraataca

El comportamiento de los disidentes generó indignación rabia y férrea determinación en Nielsen y en el resto de la directiva. Los opositores debían ser castigados. Daniel no podía ser afectado por su condición de jubilado, pero Alberto y Adolfo debían sentir la distancia, familia aparte. El 18 de diciembre de 1986, Adolfo Comas Bacardí fue llamado a la oficina de Manuel Luis del Valle. El superior fue directo al grano. "El consejo me ha pedido que te solicite tu renuncia." Adolfo estaba impactado, pero guardó la compostura. "Si eso quieren, entonces tendrán que despedirme. No me iré por mi propia voluntad." El defenestrado ejecutivo viajó a Jamaica para pasar allí las vacaciones navideñas. Aún esperaba que las cosas cambiaran mediante las protestas y posibles indagaciones. Cuando regresó a San Juan el 3 de enero, sin embargo, no había nada que hacer. Debía desalojar su oficina. Luego de veinte años de trabajo comprometido con la empresa, la despedida fue amarga.

Alberto Bacardí Bolívar fue el siguiente. Eduardo Cutillas voló a Toronto, a donde llevó, a nombre de su hermano Manuel Jorge, la noticia de que se esperaba su renuncia. Igual que Adolfo, Alberto se negó. Días más tarde, el consejo despidió al presidente de la compañía canadiense. Jorge, hermano de Alberto, también tendría que irse. Había llegado a ser vicepresidente y director de Bacardí & Company de Bahamas y director de Bacardí Internacional en Bermudas. Una víctima más fue Toten Comas Bacardí, hermano gemelo de Adolfo. Éste trabajaba en la filial española y renunció en un gesto de solidaridad con su hermano.

Nielsen y Cutillas estaban satisfechos, pues habían mandado una señal: aquel miembro de la familia que dañara al negocio, no pertenecía al negocio. Era así de sencillo: la familia es la familia y el negocio es el negocio. El mantel en la mesa de negociación se había rasgado.

En abril de 1987 comenzó la segunda ronda de la batalla entre la mayoría y la minoría. Con ayuda de algunos trucos, la directiva pretendió sacar adelante la transferencia abortada.

> La operación debía avanzar ahora por medio de presión: con ayuda de una maniobra de mano dura conocida como A thousand for one reverse stock split. Por cada mil acciones que poseyeran, los accionistas recibirían una nueva acción. Ésta valdría mil veces más que la anterior. De esta manera, según se suponía, quienes tuvieran menos de mil acciones estarían obligados a vender. Con ello, además, la cantidad de accionistas estaría de nuevo por debajo de la cifra mágica de trescientos.[97]

El 27 de abril sería votado el nuevo plan durante la junta anual de Bacardí Corporation. Los directivos contaban con la aprobación porque, en su opinión, eran más los que querían la venta. Pero la víspera de la junta explotó una "bomba". Los jefes de Bacardí Corporation fueron informados por el hijo de Daniel, Toten, que la maniobra fracasaría. Se habían establecido un total de 238 nuevos fideicomisos, por lo que era imposible reducir la suma de accionistas a menos de trescientos. Los disidentes habían transferido acciones por un valor de diez millones de dólares a pequeños fideicomisos, todos los cuales eran propiedad de la familia. 132 estaban a nombre del clan de Daniel, 36 a nombre de la familia de Alberto y 50 pertenecían a los Comas Bacardí. El golpe había contado con la ayuda del Banco de Ponce, que estaba convencido de que la directiva llevaba a cabo un malévolo juego a espaldas de la familia.

Los disidentes habían impedido por segunda ocasión la recompra de Bacardí Corporation. Estaban jubilosos e informaron a la prensa: "Revuelta familiar en Bacardí" era el encabezado del siguiente día. Los hermanos Adolfo y Toten Comas Bacardí, así como Alberto y Jorge Bacardí Bolívar fueron celebrados casi como héroes. Adolfo se mostró firme; fue citado con la siguiente frase: "No es una guerra ni una masacre. En algún lado hay un error o algo oculto. Si hay algo oculto, trataremos de sacarlo a la luz; si es un error, tenemos que corregirlo".[98] El secreto que tanto temían los disidentes era una posible fusión con Coca-Cola. "Tonterías", decía Pete O'Hara, presidente de Bacardí Corporation.

Había llegado el gran momento para los despachos de abogados. Desde hacía mucho tiempo, los disidentes habían contratado a uno de los mejores juristas especializados en asuntos económicos: el neoyorquino Sam Butler. Éste había dado el visto bueno al golpe de los fideicomisos y a su cargo había corrido la revisión del proceso de reverse split. En los años posteriores, algunos juzgados de Nueva York, Delaware, las Bermudas, las Bahamas y Puerto Rico se ocuparon de la causa jurídica. Un total de seis despachos de abogados intercambiaron demandas y pruebas. ¿Eran legales los fideicomisos establecidos por los disidentes? ¿Cumplió esta maniobra con los requisitos legales? ¿Cuántos accionistas tenía la Bacardí Corporation antes de las actividades de los disidentes? ¿Cuál era el significado exacto de la figura *public company* (compañía pública)? La batalla legal se extendió hasta febrero de 1990 y tuvo costos millonarios.

La mayoría de los accionistas meneaban la cabeza. No entendían de qué se trataba todo esto. Mientras se recrudecía el tono entre los abogados, entre la directiva y Daniel Bacardí Rosell se llevaban a cabo negociaciones conciliatorias. Pero nada se movió de su lugar, a no ser por las exigencias de los disidentes que, a juicio de los directivos, eran cada vez más copiosas y desvergonzadas. A finales de 1988, Daniel conminó a la directiva de la empresa a hacerse cargo de los costos por concepto de abogados. A mediados de 1989 presentó él mismo un catálogo de doce páginas cargado de demandas de la disidencia.

La lucha se tornó más violenta y sucia. Fue distribuida una carta anónima en la cual los directivos eran calificados como hombres anacrónicos cuyos conocimientos en materia económica habían sido adquiridos en algún país del tercer mundo. Quienes se encontraban en la cima de la corporación no habían crecido al ritmo de los retos del futuro, se decía. Nielsen, en una carta abierta, hizo un reconocimiento a la vieja guardia, mientras que otros se le unieron. Jorge Luis del Rosal, quien trabajaba en la gerencia de FBM en Canadá, se manifestó como escudero de los "viejos" en la cima. ¿Se dedicaban a acumular dinero para eternizarse allí arriba? Del Rosal respondió iracundo: "Te pregunto: ¿cómo es posible que estos campesinos del 'tercer mundo', estos fracasados, estos imbéciles cabezas huecas que están en la cima de la empresa, hayan acumulado un capital tan grande? ¿Acaso es que se lo ganaron? ¿O es obra del Espíritu Santo?".

La carta terminaba así: "Vende, enano, vende. Déjanos trabajar y crecer en paz. Vende y vete con tu dinero y tus cartas anónimas directo al banco".[99]

Luego de tanta suciedad, la directiva de la empresa por fin tomó una determinación acertada. La demandas de los disidentes debían presentarse a la familia para su votación, durante una junta a realizarse en las Bermudas. Pero el grupo prefirió ausentarse. A George Dorion Bacardí, un nieto de Don Emilio, fruto de su matrimonio con Elvira Cape, se le acabó la paciencia. Ya es demasiado, habría dicho. Los disidentes son de la familia, pero no son nuestros amigos.

Al mal tiempo, buena cara

La decisión de los auditores bursátiles se tomó el 15 de febrero de 1990. Fueron reconocidos los fideicomisos establecidos por los disidentes. El fallo decretaba que la Bacardí Corporation debía seguir sometiéndose al escrutinio público obligatorio. Daniel y el resto del grupo estaban felices por la victoria. Pero, ¿qué saldo había dejado la pugna legal, además de la satisfacción de haber sido ganada? Los efectos del juicio se dejaban sentir aún dos años después del fallo. En un documento llamado *Acuerdo de Accionistas de Bacardí*, se establecieron términos que impedían la venta descontrolada de acciones. Estaba prohibido, entre otras cosas, vender acciones a personas que no fuesen de la familia, e incluso se contemplaba un reglamento para la venta al interior de ésta. Además, los disidentes concretaron su vieja demanda de hacer irrevocable su participación en el consejo de vigilancia. Les fueron otorgados tres de quince asientos en el consejo directivo ante el cual todas las decisiones de la directiva debían ser bendecidas. También les fue concedida la obligación de que, en cuanto a inversiones o ventas de participaciones accionariales, los planes de la directiva debían aprobarse al menos por tres cuartas partes de los accionistas. Pese a que éste era a la vez un acuerdo de paz, las cosas nunca volvieron a ser iguales. La familia estaba dividida. El dicho de "al mal tiempo, buena cara" surge ahora cada vez que se habla de crecimiento, dividendos y dólares.

No iba a ser tan fácil deshacerse de las heridas personales. Adolfo Comas Bacardí, que en 1990 regresó a la empresa de San Juan como jefe de personal, volvió a irse con agrado apenas se le presentó una oferta externa. Fue miembro del consejo de vigilancia del periódico *San Juan Star* y editor desde 1991. Cuando los dueños vendieron el diario, Adolfo se quedó otra vez desempleado. ¿De regreso a la empresa? Para él, ésa no era una opción. "Sentía que por ninguna circunstancia podría colaborar de nuevo con aquellos que me causaron tanto dolor. La misma gente permaneció en los puestos directivos", dijo en entrevista realizada a principios de 2003. El dueño del periódico, Luis Ferré, decidió no dejar desamparado a su amigo. Lo empleó como gerente general del diario *El Nuevo Día*.

El viejo Daniel Bacardí Rosell, quien desde 1978 se encontraba jubilado, relató así la crisis a Peter Foster, en 1990: "No se trata de una verdadera lucha. Todos queremos lo mismo. Los directivos eran jóvenes y no tenían la capacidad para llevar adelante la diversificación. Diversificaron sin consultar con la familia. Nosotros queríamos un poco de control, nada más. Por ello, no es una disputa verdaderamente importante", repetía él. Un par de minutos más tarde, luego de que tocamos el tema de su salud, agregó: "Ellos esperan que pronto me muera".[100]

Entre aquellos que según Daniel deseaban su muerte posiblemente se encontraba en 1990 Manuel J. Cutillas, que para aquel entonces se había convertido en el hombre más poderoso del consorcio. Él agita la cabeza cuando habla con Foster acerca de la ingenuidad de los disidentes:

> Siempre rinden tributo a la familia y a los recuerdos familiares, pero yo intento hacerles ver que los tiempos han cambiado. Son cientos ahora quienes poseen acciones de Bacardí. ¿Conocen a cada uno de ellos? ¿Conoce el hijo de fulano a la nieta de zutano? No les entra en la cabeza que la familia de hoy nada tiene que ver con aquella que recuerdan en los días dorados de Cuba, con la época feliz de Santiago.[101]

7. "¡QUEREMOS CRECER, CRECER, CRECER!"
BACARDÍ EN EL JUEGO GLOBAL

Cuando un periodista alemán le preguntó en 2001 a Jorge Rodríguez Márquez, vocero de Bacardí-Martini Ltd, si el imperio Bacardí había llegado al límite de su crecimiento, él niega vehementemente con la cabeza. "De ninguna manera", dice él.

> Al contrario. Nuestra política de negocios es cada vez más agresiva. Siempre que podamos comprar alguna marca presente en el mercado mundial y que nos convenga, lo haremos. También incorporaremos productos de otras firmas en nuestra red de distribución y usaremos las redes de distribución de otras empresas para nuestros productos. Continuaremos creando marcas nuevas y empaques nuevos, y desarrollaremos innovadoras campañas de publicidad. Queremos crecer, seguir creciendo y luego crecer aún más.[102]

Rodríguez Márquez, hermano político del disidente Adolfo Comas Bacardí, recuerda los grandes éxitos bajo la dirección de Manuel Jorge Cutillas, en la década de los noventa. Entre los momentos culminantes de aquella época está la compra, en 1992, de la empresa familiar italiana Martini & Rossi. Con esta operación de 1,800 millones de dólares, Bacardí se apropió del mejor vermouth del mundo. Con ello, además se adquirieron 35 redes de distribución, trescientos productos y cuatro mil trabajadores. En resumidas cuentas, el consorcio que desde entonces se llama Bacardí-Martini Ltd. duplicó su tamaño con esa sola operación. Otro cambio fundamental tuvo que ver con la estructura de la empresa. En 1995, todas las filiales de la empresa que hasta entonces trabajaban de manera independiente fueron incorporadas. La sede principal del consorcio Bacardí-Martini Ltd. se encuentra desde entonces en las Bermudas.

Con su elección como presidente del consejo de administración, en 1995, Cutillas posee ahora todos los hilos de poder en sus manos. No fue una elección equivocada, opina Márquez. Por una parte, Manuel pertenece a la familia al ser bisnieto de Don Emilio; por otra, obtuvo sus primeras experiencias laborales en Santiago de Cuba y desde entonces ha trabajado ininterrumpidamente para la empresa. Entre otros cargos, dirigió Bacardí & Company en las Bahamas. Luego de la compra de Martini, Cutillas consiguió a finales de los años noventa adquirir otras marcas de prestigio mundial para el portafolio de Bacardí: el whisky escocés Dewar's White Label y Bombay Saphire, una ginebra de lujo.

El ron y la política. ¿Un matrimonio indivisible?

Jean Claude Kuner, el periodista alemán, no cree del todo en este panorama. En la bolsa lleva la edición francesa del libro de Hernando Calvo Ospina —el libro apareció en alemán hasta el verano de 2002— y se interesa más por los intríngulis del ron y la política, un matrimonio indisoluble financiado por la firma Bacardí.

Él quiere saber si es verdad que Pepín Bosch colaboró en 1964 en acciones terroristas para matar a Fidel Castro y si miembros de la familia invirtieron en organizaciones militantes que hubieran aceptado incluso el asesinato con tal de desestabilizar el régimen cubano. También desea establecer si, por ejemplo, la vicepresidenta de la Fundación Nacional Cubano Americana y accionista de Bacardí, Clara María del Valle, aplaudió cuando en abril de 1997 un atentado dejó como víctima mortal a un terrorista italiano y a once personas lesionadas. No por último, el periodista quiere saber si los Bacardí ofrecieron apoyo financiero y moral a la lucha de UNITA en Angola y, con ello, al tenebroso dictador Savimbi.

Aunque el vocero Jorge Rodríguez Márquez trabaja desde los años ochenta para Bacardí y está casado con Marlene Comas Bacardí, se sacude elegantemente toda responsabilidad a lo largo de la búsqueda de Kuner por la verdad. No recuerda exactamente, o no desea pronunciarse sobre determinados hechos. Sin embargo, es claro e incontrovertible cuando califica como falsos los documentos publicados por Calvo Ospina. Los memorandos de la Casa Blanca no son más que propaganda cubana. "Usted sabe tan bien como yo que con las técnicas más modernas es posible cualquier cosa", dice. "Así que no crea nada de lo que ahí aparece."

En cualquier caso, él admite que algunos miembros de la familia hicieron aportaciones económicas a organizaciones políticamente activas. Sin embargo, tales aportaciones jamás pasaron por la empresa. Quizá sólo en una ocasión, pero nada más. El vocero no recuerda ninguna ocasión en la cual la empresa haya metido dinero a la bolsa de nadie. Las actividades del consorcio y los intereses de la familia se han desenvuelto estrictamente separación. Además, la familia es más pacífica que agresiva, característica inherente a los habitantes de la isla, pero se mantiene muy alerta por si acaso hubiera que defenderse. "Nos defendemos con fuerza, pero jamás atacaríamos. Eso no va con nosotros."[103] La familia tiene ciertos valores y principios a los cuales ha tomado muy en serio, y entre ellos están la calidad, el juego limpio y el respeto hacia los demás. Si algo no puede reprochársele a los Bacardí es presumir su generosidad. "Hacemos muchas cosas buenas, pero no nos gusta hablar de ello. Es parte de la cultura de nuestra familia."[104] Con dinero de la fundación Familia Bacardí, por ejemplo, en Miami se apoya a personas que no tienen hogar, y se construyen escuelas; se organizan eventos culturales y proyectos ecológicos. Y no sólo en la Florida, sino también en Puerto Rico, México, las Bahamas o las Bermudas, se llevan a cabo programa de apoyo y promoción acordes con las necesidades regionales.

Kuner pregunta una vez más acerca del dinero que en otras épocas se destinó a cabildeo político. ¿Era verdad que con dinero de los Bacardí algunos senadores fueron "comprados" para impulsar una determinada política exterior hacia Cuba? Jorge Rodríguez conserva la calma. "Es muy normal que las empresas estadounidenses intenten, junto con profesionales del cabildeo, averiguar más acerca del ánimo que existe en el gobierno", dice él. "Pero es necesario conocer los términos de las legislaciones específicas para poder detectar tempranamente si tienen alguna repercusión positiva o negativa para el negocio." Esto también es normal, supone, en algunos países europeos. En este punto, Rodríguez tiene algo de razón, pero es la estabilidad en este matrimonio entre el negocio del ron y la política lo que llama más la atención. La cooperación armónica entre el dinero, las intenciones políticas y su ejercicio a través de los "representantes del pueblo" ha afectado la credibilidad en la fuerza de la democracia. ¿Funciona tan bien este matrimonio debido a que son los Bacardí y otros acaudalados exiliados cubanos quienes pagan todas las cuentas? ¿Transcurre todo tan tersamente porque unos tienen metas que pretenden cumplir a cualquier costo y los otros se ponen diligentemente al servicio de tales causas pues les resultan lucrativas para sus ambiciones políticas y sus cuentas bancarias?

Cabildeo en Washington

Entre los representantes populares que han sido aleccionados por los cabilderos está, aparentemente, el diputado Robert Torricelli de Nueva Jersey, cuya voluble actitud ha sido descrita de manera notable por Hernando Calvo Ospina en su libro *Ron Bacardí. La guerra oculta*. Antes de 1992, Torricelli propugnaba un acercamiento con Cuba y rechazaba todo lo que implicara el endurecimiento de las relaciones entre Estados Unidos y la isla. En febrero de 1992, Torricelli pronunció un discurso encargado por la Fundacional Nacional Cubano Americana, que demostró un pronunciado cambio de términos. De repente, Castro resultó ser para el legislador "el último dictador estalinista" cuya caída era inminente. Junto con Robert Graham, quien tenía buena relación con la FNCA desde hacía muchos años, Torricelli propuso una ley que endurecía una vez más los términos del embargo económico y que perfilaba un escenario concomitante para una Cuba democrática. En Canadá y Europa hubo reacciones de indignación ante la propuesta. En notas de protesta, se advirtió al entonces presidente George Bush que las medidas complementarias y las sanciones contempladas contravenían los acuerdos comerciales internacionales. Pero fue en vano: en octubre de

1992, en su fase final de campaña electoral, Bush padre puso su firma en la "Ley por la democracia en Cuba", nada menos que en Miami y en presencia de diferentes miembros de la FNCA y de líderes empresariales.

Pero no todos los exiliados cubanos encontraban un verdadero sentido a la nueva ley. Las fuerzas moderadas veían en ésta a una nueva versión de la Enmienda Platt y temían que se diera con ello a Estados Unidos la oportunidad de controlar la política cubana luego de la virtual caída de Castro. ¿En verdad se quería caer tan flagrantemente en esta nueva dependencia? Robert Torricelli rechazó todas las críticas. Argumentaba que lo más importante era ejercer presión sobre Castro con esta nueva ley. Era indiscutiblemente claro que Estados Unidos estaba dispuesto a reimplantar la democracia en la isla.[105] Pero también estaba claro, según Calvo Ospina, que el legislador de Nueva Jersey fungía como representante de los exiliados cubanos de tendencias derechistas y que había pagado su campaña electoral con fondos de la FNCA. La inversión en Torricelli rindió frutos. El representante de Nueva Jersey fue llamado luego de la elección a la comisión de Asuntos Exteriores, donde ocupó la presidencia de la subcomisión para asuntos del hemisferio occidental, excelente posición para consolidar la política anticastrista de los exiliados cubanos.

Tres años más tarde prosperó un nuevo intento de dañar a Cuba. Esta vez fueron los senadores republicanos Jesse Helms y Dan Burton quienes se movilizaron con este propósito. Jesse Helms, viejo amigo de Pepín Bosch, era entonces presidente de la comisión de Asuntos Exteriores del senado estadounidense y se le consideraba un conservador de mano dura. Desde la perspectiva de los exiliados cubanos de extrema derecha, era el hombre adecuado para provocar el derrocamiento de Fidel Castro con nuevas y cada vez más extremas iniciativas de ley. Helms estaba obligado a ser leal a los Bacardí, pues la familia contribuyó a su campaña de 1992. Casi diecisiete millones de dólares fueron puestos a disposición de Helms; era la suma más grande jamás otorgada a un aspirante al senado. Dan Burton apoyó a Helms en cuestiones relacionadas con Cuba; también era conocido por solicitar ante el congreso, durante la primera guerra del golfo (1991), que Estados Unidos lanzara bombas atómicas contra Irak. "Basados en nuestros principios, es nuestra obligación incrementar la presión sobre Castro hasta que el pueblo cubano sea libre", argumentó Helms al presentar la iniciativa en conferencia de prensa, en febrero de 1995. Dan Burton declaró poco más tarde: "Esperamos que con esta ley se mande una señal poderosa a todo el mundo en cuanto a que este gobierno tiránico ha vivido demasiado".[106]

La iniciativa Helms-Burton contemplaba sanciones para todos aquellos que hicieran negocios con Cuba y en especial para quienes sacaran provecho en alguna forma de propiedades "confiscadas ilegalmente" o que hayan obtenido ganancias por negocios hechos con los bienes expropiados. Quien comerciara con Cuba debía contar con que se le negaría la entrada a Estados Unidos, así fueran directores, asesores o familiares de los empresarios que llevaran a cabo tales negocios. Además, se hacía un llamado al gobierno de Estados Unidos para que se involucrara más en el apoyo a la oposición dentro de Cuba con el fin de conducir a un cambio de régimen. La disolución del gobierno debía acompañarse del desmantelamiento del Partido Comunista y todas sus organizaciones de base; ésa sería una condición para el restablecimiento de relaciones comerciales normales con Cuba.

En el artículo II de la propuesta de ley se reconocía el derecho de los exiliados cubanos de reclamar las propiedades que les fueron expropiadas. Al cambiar el gobierno en Cuba, estos empresarios debían gozar de la oportunidad de acudir a juzgados estadounidenses para manifestar en ellos sus exigencias sobre la propiedad de suelos y medios de producción. Aun antes de su entrada el congreso, la iniciativa ya había sido bautizada como la Ley Bacardí, entre otras cosas porque se decía que Ignacio Sánchez, abogado del despacho Kelley Drye & Warren al servicio del consorcio, había asesorado a Helms en la formulación de la propuesta.[107] Justo después de que se turnara la propuesta a comisiones, el 17 de abril de 1995, Jesse Helms emprendió un viaje hacia el sur, para presentar en Miami su proyecto en diferentes eventos y a la vez allegarse dinero. Entre las presentaciones hubo una fundraising dinner (cena recaudación de fondos), a la cual estaban invitados el jefe de Bacardí Imports y la FNCA. El precio por cubierto era de quinientos dólares. Quien pudiera dar más, por supuesto podría hacerlo. La velada dio a Helms 75 mil dólares. La prensa local había sido suspicaz y fue tranquilizada por Juan Prado. El asesor del presidente del consejo de Bacardí en Miami admitió en una entrevista con periodistas del *Miami Herald*: "Como empresa no podemos hacer nada, pero como individuos sí podemos ayudar".[108]

Para ese entonces, se había desatado un debate entre los propios exiliados cubanos acerca del sentido de dicha ley. Sus promotores la defendían diciendo que causaba daños a Castro y era útil al desarrollo de la democracia. Sobresalió por su vehemencia al pedir comprensión para la nueva ley el abogado Nicolás Gutiérrez, hijo de un antiguo barón azucarero cubano. También él había estado a disposición de Helms para asesorar al legislador: "Con esta ley, no se trata de determinar si los bienes perdidos serán restituidos o no, sino de causar tal inseguridad, que los inversionistas lo piensen dos veces antes de llevar su dinero a Cuba. El sentido y el propósito es, pues, sacar a Fidel Castro", según rezaba su credo.[109] Pero con ello también proporcionó municiones a los críticos que veían una conspiración de la antigua plutocracia cubana detrás de la ley. En julio de 1995, el periódico *El Nuevo Herald* editorializó: "la medida tiene ventajas para empresas como Bacardí y la familia de magnates azucareros Fanjul. En Estados Unidos, donde es tradición cabildear para imponer intereses personales, esto es completamente normal. Pero este caso se critica porque la intención política es demasiado evidente."[110]

Había mucha satisfacción en los círculos de los exiliados cubanos más acaudalados, pero en el extranjero había conmoción. Se esperaba que el presidente Bill Clinton se negara a firmar la ley. Pero el mandatario no pudo ocuparse de la ordenanza pues tuvo que encontrar una solución rápida a la crisis de los "balseros", aquellos cubanos que en el verano de 1995 dejaron su país por miles pues veían un negro futuro para ellos y para sus hijos a causa de las deterioradas condiciones de vida en la isla. En lanchas sobresaturadas o apretujados sobre neumáticos amarrados con cuerdas, atravesaron el mar. Les tomaría cuatro días alcanzar la costa sur de Florida... Si todo salía bien. Pero en muchos casos los botes naufragaron y un sinnúmero de cubanos murieron ahogados. Algunos tuvieron suerte y fueron recogidos por pescadores o rescatistas que localizaban a los náufragos y los llevaban a puerto seguro en pequeñas aeronaves. Destacó en esta labor la organización Hermanos al Rescate (HAR).

Cuando Bill Clinton comenzó a negociar con el gobierno cubano una posible solución a esta crisis, hubo fuerte oposición de los exiliados cubanos. Miles de ellos viajaron de Miami a Washington para protestar contra estos contactos. En vez del diálogo, promovían "tolerar acciones militarizadas contra Cuba". Los autobuses para trasladar a los manifestantes fueron proporcionados por el consorcio Bacardí-Martini. Una asistente del presidente de Bacardí Imports dijo a nombre de la empresa:

"apoyaremos cualquier tipo de acción que sea necesaria".[111] Por ejemplo, Bacardí Imports apoyó las acciones de José Basulto y Billy Schuss, fundadores de Hermanos al Rescate. Ambos eran viejos soldados y añejos colaboradores de la CIA. Basulto había combatido en la Brigada 2506 y años más tarde había asesorado a la Contra nicaragüense. En 1994, Bacardí Imports recolectó 72,973 dólares dentro de la propia empresa para donarlos a HAR. También hubo apoyo de líneas aéreas estadounidenses y de la estrella pop Gloria Estefan, quien está casada con un accionista de Bacardí. La cantante obsequió un avión a HAR.

La mayoría de los estadounidenses consideraban que las acciones de HAR eran de corte altruista y admiraban el valor de pilotos que se enfrentaban, a menudo muy de cerca, a la fuerza aérea cubana. Pero para el observador acucioso estaba claro que HAR jugaba peligrosamente con la paciencia de Castro, pues Basulto y los suyos invadían sistemáticamente, bajo bandera estadounidense, el espacio aéreo cubano. Algunas ocasiones los avances llegaban hasta La Habana. Ahí arrojaban volantes que llamaban a la desobediencia civil. Esto llegó a su clímax el 24 de febrero de 1996. La fuerza aérea de Cuba disparó contra dos pequeños aviones cuyos pilotos murieron. La indignación entre los exiliados cubanos fue grande. Hubieran querido que Estados Unidos lanzara un ataque de represalia, mientras que las fuerzas moderadas, entre ellas el socialdemócrata Eloy Gutiérrez Menoyo, se mostraban más conciliadores: "Cuando aeronaves estadounidenses vuelan en territorio cubano y reparten material propagandístico, por supuesto que se trata de una invasión al espacio aéreo", comentó en retrospectiva.[112] Según la opinión de quienes permanecían estancados en la guerra fría, Bill Clinton no tendría ya más pretextos para retrasar la firma de la ley Helms-Burton o para negarse a suscribirla. Los estrategas políticos se equivocaron. El presidente de Estados Unidos ratificó la Ley para la Promoción de la Libertad y la Democracia en Cuba, el 12 de marzo de 1996.

El periodista Hernando Calvo Ospina cita en su libro algunos documentos que comprueban que a unos cuantos días de haber entrado en vigor, la ley arrojaba sus primeras secuelas. El consejo y los accionistas de la firma italiana Stet, la empresa mexicana Domos y la canadiense Sherrit recibieron sendas notas del gobierno estadounidense. Se les amenazaba con negarles la visa de entrada a Estados Unidos si proseguían llevando a cabo "negocios ilegales" con propiedades nacionalizadas en Cuba.[113] Otras empresas en once países recibieron apercibimientos similares. Siguió entonces un tira y afloja, que duró hasta abril de 1997, entre la unión europea, el presidente de Estados Unidos y la Organización Mundial de Comercio. Entonces la unión europea retiró la querella ante la OMC. Pero la paz no duró mucho. El 18 de mayo de 1991 se firmó el llamado Acuerdo de Birmingham, donde se establecía el modo mediante el cual las empresas europeas podrían seguir invirtiendo en Cuba sin ser objeto de sanciones por ello. Entre otras cosas, el documento estipulaba: "La unión europea reconocerá oficialmente la ilegalidad de las expropiaciones de propiedades estadounidenses en Cuba si una comisión suya inspecciona, en Washington, los trabajos del 'grupo' encargado de validar las demandas de restitución originadas en el extranjero".[114] Los exiliados cubanos cercanos a la FNCA estaban llenos de júbilo. Habían anotado un importante punto a su favor.

Para los Bacardí, la ley Helms-Burton vino justo en el momento preciso para comenzar otra batalla, esta vez en pos de obtener los derechos de la marca comercial "Havana Club".

La guerra de las marcas

La historia comenzó en 1993, con el rumor de que una empresa europea planeaba distribuir mundialmente ron elaborado en Cuba. El presidente de Bacardí, Manuel Jorge Cutillas, tomó nota y envió a manera de precaución una carta al jefe de la Asociación Estadounidense de Importadores de Licor. En ella recalcó que, luego del restablecimiento de la democracia en Cuba, "demandará la indemnización de todos aquellos que han usado y abusado de los bienes expropiados bajo el presente gobierno".[115] Una carta abierta, en términos muy similares, había sido enviada a empresarios de Europa y América Latina:

> Creemos que toda inversión realizada en Cuba bajo las actuales circunstancias no sirve al estado de Derecho ni estará resguardada por leyes para la protección de inversiones como las que un futuro expedirá el gobierno cubano. Consideramos importante que la comunidad de inversionistas internacionales conozca nuestro punto de vista, para que quienes piensen en invertir en Cuba asuman su responsabilidad política de manera consciente y teniendo muy claros los riesgos de tales operaciones.[116]

El consorcio francés Pernod-Ricard asumió estos riesgos cuando, en 1993, se asoció con el gobierno cubano para la marca Havana Club. En lo sucesivo, la empresa vendería el ron cubano en todo el mundo con excepción de Estados Unidos debido al embargo comercial. En 1994 se perfilaba el éxito de la operación: la participación de Havana Club en el mercado crecía consistentemente. En cambio, para Bacardí el crecimiento se había estancado. Manuel J. Cutillas detectó la necesidad de actuar y echó a andar una campaña publicitaria que destacaba los orígenes de la marca Bacardí. Aquello que durante décadas jamás ocupó un lugar preponderante, ahora era la esencia de la estrategia promocional: "¡Nosotros somos Cuba!". Que el ron Bacardí no se produjera en Cuba desde 1960 y que ni siquiera la materia prima proviniera de la isla, de nada servía. De manera tácita se hacía patente la demanda de "autenticidad" con el agregado a la etiqueta: "Casa fundada en 1862 en Santiago de Cuba".

No bastaba con ello. Inmediatamente después de la ratificación de la ley Helms-Burton, Cutillas comenzó en Bahamas la producción de un ron con el nombre "Havana Club". En la etiqueta figuraba el malecón y el lema rezaba: "Descubra el sabor de La Habana vieja". Sólo 907 cajas de este producto pudieron ser vendidas antes de que finalizara su comercialización. La empresa Pernod-Ricard y el fabricante cubano entablaron una demanda por apropiación ilegal de una marca comercial. Pero con la ley Helms-Burton, Bacardí tenía un as bajo la manga y apeló a las autoridades estadounidenses por lo que consideraba una violación a dicha norma por parte de Pernod-Ricard y su socio cubano. La empresa obtendría ganancias por el uso de propiedades que fueron confiscadas en 1960.

Pernod-Ricard replicó, indicando que Havana Club era fabricado en terrenos que jamás pertenecieron a la familia Bacardí. Cutillas sostuvo su argumento y continuó con la querella. Los abogados de Bacardí intentaban ahora impedir que la marca Havana Club se registrara de nuevo en Estados Unidos. Aducían que empresas cubanas habían violado los términos de la ley al traspasar a sus socios franceses la propiedad de la marca comercial. La Secretaría de Finanzas de Estados Unidos se vio obligada a emitir un fallo y en abril de 1997 reconoció dicha argumentación. Ese mismo mes, un juez federal, apoyándose en el fallo del ministerio y en exposiciones de motivos de los abogados de Bacardí-Martini, revocó la licencia al consorcio francocubano.[117]

De manera paralela a estos esfuerzos estadounidenses, Bacardí pretendía quedarse con la marca comercial Havana Club. Esto fue posible a través de contactos con la familia española Arechabala, que desde 1934 hasta la emigración en 1960 fabricó ron con la marca Havana Club. Dado que la empresa se encontraba virtualmente en bancarrota, entre otras cosas debido a la fuerte competencia de Bacardí, la familia no había considerado necesario renovar el registro de la marca. En 1973 debía producirse la solicitud, pero para ese entonces la empobrecida familia había renunciado a toda intención de retomar la producción de ron. En consecuencia, la empresa estatal Cubaexport había intervenido al registrar el nombre de la marca en Estados Unidos y en ochenta países más. Los Bacardí no se conformaron con esta situación aparentemente clara desde el punto de vista jurídico. En 1997 fundaron junto con los Arechabala, quienes ahora reclamaban para sí el nombre Havana Club, una sociedad en Liechstenstein; en ella se traspasaban los derechos de la marca comercial Havana Club a Bacardí. En el periódico *Neue Zürcher Zeitung* del 9 de agosto de 2001 se hace un recuento de esta pugna:

> Como lo describen los franceses en sus propias palabras, su competidor no sólo los ha rebasado en cuanto a tamaño. El consorcio, conocido por su fuerte anticastrismo, posee una influencia enorme en la política estadounidense. Esto se puede comprobar porque el congreso estadounidense aprobó en 1998 un paquete de medidas llamado OMNIBUS Appropriations Act, el cual contiene varios párrafos dirigidos contra Cuba y contra Pernod-Ricard. Éstos impiden tanto de manera explícita como implícita que sean registradas en Estados Unidos aquellas marcas que fueron confiscadas por el régimen cubano; también se aseguran de que ningún juzgado estadounidense tenga la competencia suficiente para invocar en favor de Cuba leyes inter-

nacionales firmadas por Estados Unidos en materia de protección mercantil. Con ello, todos los esfuerzos emprendidos por Pernod-Ricard para registrar por medios jurídicos la marca Havana Club en Estados Unidos estaban condenados al fracaso.[118]

Estos párrafos dirigidos contra Cuba se compendiaban en la Enmienda 211 y entraron en vigor mediante juicio expedito. Esto significaba que sólo estarían propiamente enterados de la materia de la votación aquellos legisladores que contaran con contactos fehacientes con el consorcio Bacardí. A todos los demás les faltó tiempo para conocer a fondo los términos de la enmienda.

En abril de 1999 fue rechazada por un juez estatal de Nueva York la demanda entablada por Pernod-Ricard contra Bacardí. Los jueces invocaron a la Enmienda 211 para emitir su fallo. De nuevo hubo indignación en Europa y de nuevo la Comisión Europea emitió una queja en la Organización Mundial de Comercio por violación a los tratados comerciales internacionales. Comenzó un nuevo tira y afloja jurídico que culminó con una victoria para el consorcio Bacardí. La corte de apelación de Estados Unidos autorizó al consorcio Bacardí-Martini a vender ron con la marca Havana Club en Estados Unidos. Pernod-Ricard se inconformó. En agosto de 2001, la comisión de conciliación de la OMC emitió un primer informe sobre la disputa entre la Unión Europea y Estados Unidos. En él se reconoció el derecho de Estados Unidos para rechazar el registro de determinadas marcas comerciales "por otros motivos" no especificados. Además, Estados Unidos tenía derecho a negar "el registro de marcas protegidas en otros países". En cambio, la comisión dio razón a los europeos en el tercer punto, referido al derecho que tienen los propietarios de marcas comerciales a defender por la vía jurídica sus derechos. La sección correspondiente de la Enmienda 211, que limitaba tal derecho, fue considerada violatoria de los principios de la OMC.[119] La Comisión Europea no se dio por satisfecha con este fallo y exigió una argumentación más detallada en cuanto a los dos primeros puntos; dicha aclaración se encuentra pendiente.

Mientras tanto, los Bacardí se mantuvieron activos y recurrieron a Jeb Bush, hermano del actual presidente de Estados Unidos y gobernador de Florida. Le escribieron una carta con la petición de asistencia que fue citada en un documental de la cadena europea ARTE titulado "El secreto del murciélago": "Querido Jeb: Los burócratas de la Oficina de Patentes permiten que Fidel y Pernod sigan ganando. Alguien debe decirles que se pronuncien de una vez".[120] El 13 de junio de 2002, Jeb Bush escribió a la Oficina de Patentes: "A nombre de Bacardí Martini USA me permito requerir a la Oficina de Patentes que pronuncie un fallo rápido y definitivo en el caso de la marca Havana Club. Esta marca pertenece a una empresa de Fidel Castro y debe ser eliminada sin dilación. Con atentos saludos, Jeb Bush".[121]

"¿Por qué habría de prestar el gobernador de Florida tal servicio a los Bacardí?", se preguntan los autores del documental transmitido en 2003. Y ellos mismos responden: "Algunos estados de cuenta demuestran que en los últimos años, tanto Jeb Bush como el Partido Republicano en Florida, han recibido 75 mil dólares de Bacardí. Puede verse cuánto gastan las empresas en quienes hacen las leyes y qué consecuencias tiene esto. El problema es que los sobornos son una forma de corrupción. Pero da lo mismo".[122] El documental cita la toma de posición de la Oficina de Patentes: "No se trata de una pugna privada entre Fidel y los Bacardí. Es una guerra abierta. Ambos se odian".[123]

Vientos de cambio, despedida sin gloria

El hombre que inauguró la lucha contra Pernod-Ricard se llama Manuel Jorge Cutillas. Él jugó un papel importante en la empresa desde los años ochenta. Entonces era no sólo presidente de Bacardí & Company de las Bahamas, sino también miembro del consejo de asesores de Bacardí International. Como representante de la rama de Emilio Bacardí, tenía voz y voto en INTRAC. Ya en 1983 figuraba al lado del presidente "Eddy" Nielsen Schueg, junto con quien luchó por diversificar el espectro de productos de la empresa. Cansado de luchar con los disidentes, Nielsen dejó a principios de los noventa el mando de los negocios al dinámico Cutillas.

De acuerdo con el biógrafo Peter Foster, Manuel Jorge Cutillas Bacardí es "un hombre afable y amistoso cuya posición en los negocios es de sin sinsentidos (no nonsense). En su opinión, se había topado con demasiados absurdos durante sus años de servicio en la empresa".[124] El más grande constaba, según Cutillas, en una conspiración constante y repetida: somos una familia. Para él, la familia era el entorno mas estrecho de accionistas, no de nietos, tías lejanas y primos segundos. "Esto ya no es la familia que teníamos en Santiago de Cuba", dictó a Foster en 1989 en su libro de notas. Y dado que esto fue y seguía siendo su convicción, se mantenía relativamente indiferente a los deseos de la familia en tiempos de crecientes pugnas por el poder. A principios de los noventa, su divisa era sellar la paz para no poner en riesgo la meta común de todos: crecer, obtener ganancias, repartir dividendos, crecer más, sobre todo a través de la expansión del catálogo de licores de marca. Diversificación, sí, pero en terreno conocido. Con este compromiso, que trajo consigo una década dorada para la empresa y un gran acopio de poder para Manuel J. Cutillas, incluso los disidentes podía sentirse satisfechos.

Aparte de la empresa, el tataranieto del fundador Don Facundo Bacardí y Massó adquirió una serie de funciones honoríficas. Fue cofundador del consejo de Negocios Cuba-Estados Unidos y más tarde su presidente honorario; director y fideicomisario de la FNCA, miembro del consejo de asesores de la Universidad de Miami, cónsul honorario en México y las Bahamas y director del Foro Económico Mundial de Davos. Cutillas mira el mundo muy por encima de cualquier marco familiar.

Por ello, vio que era necesario poner bajo un solo techo a todas las filiales de Bacardí, para asegurarle su lugar en la cima de su ramo. "No podemos permitirnos seguir con cinco unidades separadas en las cuales cada quien hace lo que quiere." Así declaró Cutillas el "nuevo orden" para la empresa, en una entrevista de 1996 con el periodista Alejandro Benes. La nueva conformación del imperio en cinco áreas de operación transcurrió sin problemas. Ahora, el holding estaba formado por Bacardí Norteamérica, Latinoamérica, Asia-Pacífico, Europa y Bacardí International. La redistribución accionaria también resultó satisfactoria para la mayoría de los miembros de la familia.

Cutillas contó con el apoyo de un abogado llamado George "Chip" Reid. Como abogado comercial, había armado en su juventud el trato entre Pepín Bosch y Hiriam Walker, así como el gran negocio de 1992 con Martini-Rossi. Por eso conocía muy bien la estructura de la empresa. Y como el astuto abogado también era desde hacía años consejero jurídico del Partido Republicano, también tenía conocimientos sobre la vida interna de ese partido, así como contactos en el mismo. Esto era de gran utilidad para el consorcio, por lo que Cutillas decidió incorporar a Reid al consorcio. Ahí tomó la presidencia del consejo de administración de Bacardí USA, fungiendo como representante de Cutillas con la opción a tomar el control total a principios de 1997.

Es un misterio la razón que llevó a Cutillas, de 64 años de edad, a proponer como su sucesor a una persona ajena a la familia. Sólo se comprende esta decisión si se toma en cuenta su concepción poco emocional de la cuestión familiar. Pero para muchos miembros de la familia, el anuncio resultó un verdadero shock, no porque dudaran de las cualidades de Chip Reid, sino porque por vez primera en la historia de la empresa ocuparía la cúspide un hombre que no pertenecía al clan.[125] Más tarde, Cutillas confiaría al periodista Alejandro Benes que hubo de pasar dos días enteros al teléfono para poder explicar su decisión. Al final, incluso los más escépticos aprobaron la decisión.

Por su parte, Reid reaccionó con serenidad ante la falta de euforia. "Creo que la familia es muy pragmática", dijo al propio Benes.

> Pero debemos echar una mirada a cómo ha cambiado el mundo. ¿Qué requiere la situación actual? Sobre todo, estrategias financieras ambiciosas. Lo que aprobaron fue la llegada de la persona correcta para conducir la empresa en estos tiempos difíciles, además admitieron que me encuentro en posición de negociar de manera audaz y pragmática para que la empresa saque lo mejor de cada situación. Aun cuando posiblemente exista la demanda emocional de conservar la tradición de la casa, esta actitud al final resulta dañina para el negocio.[126]

"Chip" Reid y Manuel Jorge Cutillas se decepcionarían. Los "vientos de cambio" habían tocado a los mercados globales, pero no a la familia. En el otoño de 2000 les llegó la funesta noticia de que el consejo había rechazado el proyecto de ambos directivos para que el consorcio Bacardí-Martini cotizara en la Bolsa de valores. La mayoría de los accionistas discrepó. Entonces Reid renunció y mantuvo su decisión, por lo que Cutillas, ya sin su candidato, se hizo a un lado y se jubiló luego de 45 años de trabajo comprometido para el consorcio.

Con el nuevo "hombre fuerte" en la empresa, Rubén Rodríguez, se terminaba a pesar de todo una era, pues también él fue el primer hombre ajeno a la familia en presidir la empresa. Nacido en Cuba, apenas conocía a algunos de los herederos Bacardí de sus tiempos del kinder, lo cual era una pequeña ventaja. Cuando se produjo su nombramiento, en el otoño de 2000, llevaba quince años trabajando para el grupo. Era lo suficientemente sensible como para respetar los deseos de la familia, pero no todos los accionistas lo consideraban el mejor aspirante. Fue un candidato de compromiso, de tal modo que hasta el final de su gestión, en el verano de 2003, no podría deshacerse de las reservas en su contra. Sin embargo, la elección de Rodríguez fue sin duda una victoria para Cutillas y su sobria posición respecto al mito familiar. "Si alguna vez perdiéramos la empresa, también perderíamos nuestra herencia y nuestra razón de existir como familia", dijo a Alejandro Benes. "En momentos críticos, éste es el sentimiento que surge una y otra vez. Existimos como familia debido a que poseemos una gran empresa. Es lo que nos da el sentimiento de pertenencia. Así es, no al contrario, y pienso que ahora todos se han dado cuenta de eso."[127]

Recopilación de pruebas: de Puerto
Rico a la Costa del Sol

A principios de 2003 hice maletas de nuevo para viajar a Puerto Rico. Aún me encuentro en busca de miembros de la familia Bacardí. Primero que nada, probé mi suerte con Joachim Peycke, director de negocios de Bacardí Alemania. Peycke, ligado a la familia Bacardí desde hace más de treinta años, exhibía botellas de Bacardí desde los tiempos en que trabajaba como aprendiz para el comerciante de alimentos Charles Hoise, en Hamburgo. En 1983 pudo participar en la legendaria reunión familiar de Acapulco, pues había sido nombrado recientemente director de negocios de Bacardí GmbH Deutschland. Más tarde, algo que casi podría calificarse como amistad lo unió con el hombre fuerte de los noventa, Manuel J. Cutillas. No me hice muchas ilusiones de lograr contactos en la familia por este medio, pues los empleados del consorcio tienen estrictamente prohibido dar a conocer detalles internos del clan. Por eso me sorprendió que un pariente de la rama de Emilio Bacardí me contactara desde Ginebra para decirme que estaba dispuesto a viajar a Hamburgo para hablar de la familia y de su trabajo. La cita para el encuentro se había mantenido, pero luego se reportó conmigo la oficina de la filial en Hamburgo para solicitarme una lista de preguntas. Días más tarde la entrevista fue rechazada sin razones que sonaran convincentes. El "No" para la entrevista había venido de muy arriba, según me dijo la encargada de prensa de la sucursal de Hamburgo.

Pese a ello, decidí ponerme en marcha. Como necesitaba urgentemente un descanso luego de un invierno cargado de estrés, reservé un boleto a Puerto Rico con escala en Miami al regreso. Pudo haber sido Jamaica, Trinidad Tobago o Santo Domingo, pero en San Juan construyeron los Bacardí su primera fábrica fuera de Cuba, la cual hoy se ostenta como la más grande del mundo en su tipo. Una mirada al lugar me parecía obligatoria.

Sin grandes planes en mi equipaje, tomé el vuelo. Luego del largo trayecto aún tenía fuerzas para dar una caminata por la ciudad. El Paseo de la Princesa me llevó directamente al mar y ahí contemplé un panorama sorprendentemente romántico. Como pintada por Canaletto, se alzaba al otro lado de la bahía la "catedral del ron". Como en el arte de recortar siluetas, las chimeneas y las tuberías se alzaban como en relieve, en medio del cielo ardiente de color amarillo rojizo. Me encontraba en mi destino. A la mañana siguiente sentí como si me encontrara en un episodio de *Survivor*, al abordar el ferry hacia Cataño. Ahí fue donde los Bacardí compraron tierras a precio muy barato a principios de los años treinta; nadie quería vivir en los esteros plagados de mosquitos más allá de la capital. Hoy, aunque el barrio obrero luce saneado, no es un lugar hermoso. De los muelles aún hay que recorrer dos kilómetros hasta la "catedral". Conmigo viaja un grupo de mujeres de mediana edad. Durante el trayecto en pequeños tranvías hacia los diferentes miradores hay mucha gritería. No me impresiona demasiado este programa de visitas, ni los enormes tanques de acero en los cuales se fermenta la melaza. Tampoco los rieles automatizados de relleno y empaque. Hay un pequeño espectáculo con retratos de la familia, un árbol genealógico, copias de medallas y una de las botellas conmemorativas del cambio de milenio. Mi decepción fue grande. Entonces tocaba el momento anhelado: la degustación del ron. En el pabellón al aire libre los visitantes pueden escoger entre tomar un Cuba libre o un ponche de ron. Nos sentamos en sillas de plástico, alrededor de mesas de plástico y bebemos de vasos de plástico algo que no sabe a ron ni a refresco de cola. Me había sentido mucho mejor en la socialista Santiago de Cuba, en la bodega de la fábrica de ron manejada por el gobierno.

Al día siguiente voy de nuevo a Cataño. Esta vez tengo una cita con Willy Ramos, colaborador del departamento de prensa de Bacardí. Willy tiene casi treinta años y es un poco obeso, pero es muy amigable y extraordinariamente elocuente; tanto, que en 1999 ganó el premio Bacardí —otorgado regularmente a empleados cuyo desempeño es extraordinario— por sus giras publicitarias. "En aquella ocasión, los regalos fueron muy generosos", recuerda Willy. "Entre otras cosas me dieron un añillo de oro puro grabado con la insignia del murciélago."

La Bacardí Corporation es una empresa con sentido social. La atención médica es gratuito y de buena calidad; por tres dólares se recibe una excelente comida en la cafetería; además, hay una cancha de tenis para los empleados, una piscina y un gimnasio. Todos se sienten bien trabajando para Bacardí, sobre todo porque aquí no se aplica el principio *hire and fire* (contratar y despedir).

Los Bacardí son grandes benefactores, afirma Willy. Por ejemplo, en Cataño apoyan todas las escuelas públicas y otorgan becas a estudiantes. En los espacios abiertos de la fábrica se realiza cada diciembre una feria para los artesanos de Puerto Rico. En el marco de dicha feria se rifan cada año dos automóviles financiados por Bacardí y Ford. El producto de dicha rifa se dona íntegramente a organizaciones caritativas. En 2002 la suma alcanzada fue de 250 mil dólares.

¿Conoce a algún Bacardí? No, de hecho no. Ellos dan valor al hecho de no ser identificados como miembros de la familia. Desean convencer a los colaboradores por sus logros profesionales, no por su apellido. Él sostuvo una amistad muy cordial con uno de ellos durante años, sin haber estado enterado de que era un Bacardí. Su nombre es Pit Fernández Cutillas, nieto del antiguo jefe. Pero así son ellos: ¡ningún desplante basado en el parentesco!

La conversación con Willy se da en una sala pequeña y mal ventilada. El sudor corre por nuestras frentes, lo cual afecta a Willy más que a mí. Él abre su *laptop* y comienza a contarme algo sobre la filosofía de la firma: "A nosotros nos gusta", dice él, "que Bacardí sea relacionado con un sentido positivo de la vida". Es por ello que él también ofrece conferencias en universidades y promueve el consumo moderado. "Me gusta advertir sobre los riesgos en el abuso del alcohol. Pero éste pertenece a los bienes culturales de la humanidad. Sólo se trata de saber evadir dichos riesgos." Para finalizar, menciona algunas cifras. En la fábrica de ron de Puerto Rico, la más grande del mundo, se producen cada día 540 mil litros de ron, siete días a la semana, 365 días al año. Las instalaciones ocupan una superficie total de 51 hectáreas y en diez almacenes se lleva a cabo el añejamiento en 550 mil barricas. Luego, Willy cierra su *laptop*, se sacude el sudor de la frente y me dirige hasta la tienda de souvenirs, donde puedo escoger una botella de ron.

Permanezco en San Juan, aunque no tengo una meta definida. Para informarme un poco, compro al día siguiente el periódico. *El Nuevo Día* me parece el más confiable. No quiero cargar papel de más, así que tiro los anuncios de bienes raíces y las secciones publicitarias al bote de basura. Mi ojos se fijan en la última página, donde aparecen los créditos. Leo una y otra vez el nombre detrás del puesto de director general: Adolfo Comas Bacardí. Es Adolfo, aquel que en su calidad de disidente fue a dar prematuramente a los anales de la familia.

Cuando llamo al periódico, la suerte vuelve a mí. El señor Bacardí acaba de entrar, me dice la secretaria y establece la conexión. Comas Bacardí ríe amigablemente cuando le cuento cuán perdida me encuentro en mi búsqueda por un auténtico heredero. Sí, por supuesto que está dispuesto a dar una entrevista.

Una semana después apenas puedo confiar en mis ojos cuando el gerente general de El Nuevo Día traspasa la puerta de cristal en el vestíbulo del diario. Adolfo se ve como una copia al carbón de su bisabuelo Emilio: los ojos claros, el cabello gris, la tez fresca. Sólo el bigote luce un poco menos agresivo. Adolfo tiene 59 años y está más o menos orgulloso de su parecido, pues Emilio fue un hombre extraordinario, dice con gesto radiante.

Entonces comienza a narrar y llega sorpresivamente rápido a las luchas internas de la familia y a su despido de la firma, en diciembre de 1986. Me doy cuenta de que para él es una necesidad hablar de esto y sigo enganchándolo en el tema. ¿Cómo prosiguió la vida para él luego de este impacto? Por un momento, los ojos de Adolfo pierden el brillo. Durante tres meses estuvo como paralizado, pero entonces él y su esposa adquirieron los derechos para la distribución del Agua de Colonia 4711 y, con ello, sentaron las bases para un negocio en la rama de los cosméticos. Luego de la reconciliación, regresó poco tiempo a Bacardí, en 1992, pero las cosas no resultaron bien. "No podía trabajar con confianza con quienes antes me habían dañado."

Le pregunto de dónde le venía el gusto por la protesta y la resistencia. ¿Se había dejado influenciar por su obstinado tío Daniel? Comas Bacardí lo niega.

—No, no, yo siempre fui muy voluntarioso. Por eso tuve también una relación bastante mala con Pepín Bosch durante años. Luego de mi examen, él me quería mandar a las Bermudas.

Allí debía comenzar en el departamento de ventas. Le dije simplemente que no. Tenía 23 años y estaba enamorado. Mi novia de entonces, quien luego se convirtió en mi esposa, vivía en Florida y yo quería conocerla mejor. Pepín estaba furioso. Me dijo que era un inútil y me pronosticó un negro futuro. Durante años hubo entre nosotros un ánimo desastroso.

—¿Y cómo llegó a Puerto Rico?

—Pasé mi luna de miel aquí. Mi esposa y yo nos enamoramos desde el primer momento de la isla, así que le solicité empleo a Jorge Bosch, entonces presidente de Bacardí Corporation. Cuando escuchó del pleito con mi padre, hizo una mueca y me dijo que no veía nada bueno para mí.

Pese a todo ello, al joven Comas Bacardí le ofrecieron un empleo en el departamento de contabilidad, pero sólo por seis meses. Dependía de Adolfo poner la otra mejilla. Ya tenía el "no, gracias" en los labios cuando su madre le dijo llena de autoridad: "Si te niegas, no habrá marcha atrás. Acepta el trabajo y demuestra de qué estás hecho. Si consigues logros, te conservarán". Adolfo aún agradece aquel consejo de su madre, pues los seis meses se convirtieron en veinte años felices.

No siempre ocupó cargos importantes. Por un tiempo se encargó de entretener a los visitantes, así como de guiarlos por la fábrica y de recordarles las ventajas de los productos Bacardí durante la degustación final. Una vez más, fue Pepín Bosch quien se inmiscuyó en la vida de Adolfo, esta vez con una propuesta de progreso laboral. Él quería que aquel "inútil" refinara sus talentos y que tomara cursos adicionales de derecho laboral. Así, el administrador de empresas estudia durante unos meses el tema "relaciones laborales" y alcanza con tales conocimientos lo nunca antes visto: en Bacardí no volvería a haber una huelga.

Entonces hablamos un poco acerca de los proyectos para llevar a Bacardí a la bolsa de valores y, al fin, de Cuba. Adolfito brilla de nuevo cuando me cuenta del "Cuarto Polar" en la destilería de Hatuey en Santiago. En el frigorífico, él y su hermano podían permanecer hasta que el frío les calaba los huesos y entonces salían a enfrentar el sofocante calor. Era pura diversión a treinta grados a la sombra. Su sonrisa se agranda aún más cuando recuerda las visitas al bar del edificio Bacardí en La Habana, donde los cantineros les prepararon a él y a su hermano sus primeros daiquiris. ¡Tenían apenas doce años!

Como reímos juntos, me atrevo a hacerle la pregunta más álgida: "¿Es correcto que la familia Bacardí haya financiado acciones terroristas contra Fidel Castro?".

Adolfo Comas Bacardí no se inmuta:

—La mayoría de los exiliados cubanos participa en la lucha contra Fidel Castro. Muchas agrupaciones políticas no tienen el dinero suficiente para realizar su trabajo. Deben recibir apoyo financiero. Bacardí y también algunos miembros de la familia de manera individual siempre han dado fondos para actividades políticas. Especialmente, la Fundación Nacional Cubano Americana ha participado en la lucha política. Cabildean en Washington y trabajan estrechamente con Radio Martí. Pero nadie apuesta por la violencia. Nadie de mi familia tiene en este momento relación con grupos terroristas. Opinamos que la violencia no es el método adecuado para derrocar a Fidel Castro. En lo que a mí respecta, puedo decir que si un día llegara un grupo que pretendiera seriamente realizar una lucha armada, una gran parte de los Bacardí no solamente estaría dispuesta a proporcionar fondos sino a ofrendar su propia vida tal como lo hicieron en 1961 en Bahía de Cochinos. Entonces participaron seis miembros de la familia y si mi padre no me lo hubiera impedido, yo mismo habría ido.

—¿Qué pasará después de Castro?

—Los Bacardí serán los primeros en participar en la reconstrucción. Se tiene la convicción de que Bacardí regresará cuando Cuba vuelva a abrirse. Entonces nos estableceremos de nuevo ahí.

Con gusto habría caminado con Adolfo por su gran parque privado e incluso hubiera bebido una copita de Bacardí 8 Años, pero aparentemente la zona privada de los Bacardí es algo sagrado. No soy invitada, pero él me despide afablemente con dos besitos: mejilla izquierda, mejilla derecha. Llevo mis provisiones para el corto vuelo a Miami.

Clara María del Valle, cuyo apellido de soltera es Bacardí, tiene 57 años de edad. Es esposa de un banquero jubilado y, desde 1999, vicepresidenta de la Fundación Nacional Cubano Americana. El cuartel general de la FNCA es un edificio nada llamativo de dos pisos, ubicado en una vialidad de varios carriles en un barrio impersonal de Miami.

Las oficinas de la fundación, incluso la sala de juntas donde me recibe Clara María del Valle, parecen celdas. Tuve que apretar muchas manos hasta que finalmente tomamos asiento; me fue permitido un vistazo a la "central de monitoreo", donde son grabados sobre todo programas que tengan que ver con Cuba, mismos que son adaptados para Radio Martí, emisora de los exiliados cubanos.

A ambas nos queda claro que nos encontramos en un momento histórico. Hace apenas unas horas que Estados Unidos había comenzado a bombardear Irak y para la vicepresidenta no había razón para dudar de la legitimidad del ataque. Según ella, el 11 de septiembre debía vengarse.

—¿Sabe usted dónde estaba el 11 de septiembre de 2001? En su ciudad, Hamburgo. —Y sigue machacando con su plática vivaz—: A eso de las tres, un taxista me informó de lo que pasaba. Volamos de inmediato a Francfort. Ahí permanecimos cuatro horas en el aeropuerto, esperando al primer vuelo disponible a Miami. Miles de personas esperaban a sus vuelos. Nos dieron agua y manzanas como alimento. Fue una experiencia totalmente nueva. Normalmente uno buscaría ir a ducharse o pensaría en ir al baño. Pero en medio de esa situación no pensábamos en esas cosas. Todo era secundario.

Ambas tardamos poco en coincidir en que la guerra nunca es una solución ideal. La transición hacia el tema cubano resulta fácil. Clara María, cuyos ojos son vivos y destellantes, está vestida con pantalones y luce extraordinariamente joven incluso sin maquillaje. Tenía quince años cuando tuvo que abandonar Cuba junto con su familia. Ahora tiene cuatro nietos y una pasión inagotable por la isla.

—Ésta es la segunda generación que ha crecido lejos de la patria —dice, y esboza una amarga sonrisa—: sólo volveremos a Cuba cuando ésta sea libre. Y por desgracia eso no pasará mientras Fidel Castro y su hermano Raúl estén en el poder.

De acuerdo con la accionista de Bacardí, los hermanos Castro son terroristas que deben ser combatidos:

—Estoy convencida de que Cuba posee armas bacteriológicas —agrega—. Castro ha invertido dinero en ellas desde hace más de cuarenta años.

Clara María del Valle, bisnieta de Don Emilio, está orgullosa de su origen. Su flamígero compromiso político la lleva directamente hasta la figura del adorado patriarca y de su segunda esposa —inteligente y despierta desde el punto de vista político—, Elvira Cape. Ambos hubieran actuado exactamente de la misma forma que yo, asegura, y recuerda los tiempos en que vivió en Panamá y se encargó de un proyecto de asistencia para refugiados cubanos. Eran miles quienes entonces pedían ayuda, quienes debían solicitar que se les diera comida o los documentos necesarios para entablar contacto con sus familiares en Estados Unidos. A la accionista de Bacardí aún le enfurece que sus compatriotas que huyen de las condiciones amenazantes en Cuba sean considerados "refugiados económicos" por las autoridades estadounidenses. Ella considera que, sin excepción, todos los que escapan del terror castrista deben ser considerados refugiados políticos. Es por ello que su trabajo en la fundación debe tener dos vías. Por una parte, se trata de presionar al gobierno de Estados Unidos para impedir que se afloje la política del boicot; por otra, no debe perderse de vista a las personas desesperadas y empobrecidas que casi a diario piden asilo en Estados Unidos. La integración de ellos en la cotidianidad estadounidense es de alta prioridad. Para ella, este trabajo es más satisfactorio que jugar al golf o al tenis, o que asistir a fiestas y pasar el tiempo en camas de masaje.

—Aquí se viven tragedias a diario. Es como el mito de Sísifo. Apenas te sientes feliz porque has conseguido algo a favor de algún refugiado, cuando ya está sonando el teléfono porque llama el siguiente que necesita un visado y que tiene un niño con un tumor, o que requiere ayuda para su padre amenazado por la ceguera. Mi trabajo también se relaciona con las personas presas en Cuba, a quienes debemos ayudar. A veces me siento muy cansada cuando pienso que esto podría durar aún mucho tiempo, quizá hasta diez años. Es triste. Tengo 57 años y cada día es de batalla, batalla, batalla.

La accionista de Bacardí podría ahorrarse esta lucha y dedicarse a disfrutar de sus ganancias. Pero tiene la idea de que el cambio es inminente. Finalmente, Fidel Castro no es un jovencito y también los héroes revolucionarios están sujetos a las leyes de la naturaleza. ¿Debe usarse la violencia para sacarlo del camino? No, ésa no es la solución. Clara María niega con la cabeza: por favor, no más violencia, ni armas, ni balas.

—Queremos un cambio pacífico en Cuba —dice—, una transición pacífica a la democracia. Estaría muy bien que Castro falleciera —Y entonces pronuncia entre risas un dicho conocido—: muerto el perro, se acabó la rabia.

Hablamos un poco acerca de su vida privada. Clara María es pródiga en alabanzas para su esposo, quien no interfiere para nada en su trabajo. Éste es su reino privado, dice: puede hacer lo que ella quiera. Sus acciones en Bacardí la dotan de una gran autonomía, por la cual está muy agradecida. Si tiene deseos de viajar a Ginebra para encontrarse con miembros de organizaciones de derechos humanos, lo hace sin problemas; y si se trata de presentar un proyecto a las Naciones Unidas, también le es posible. El trabajo de la FNCA se distingue porque nadie lo patrocina. Cada quien debe pagar los costos de sus proyectos. Cada viaje a Washington debe ser sufragado con dinero propio, así como cada mecanógrafa. Actualmente se cuenta con 152 miembros que apoyan el trabajo de la fundación. Se sostienen encuentros mensuales o a veces bimestrales para acordar el plan de acciones: quién viaja a Europa, quién a Sudamérica, quién a Washington. Se trata finalmente de movilizar el mundo para preparar el día x, el inicio de la era posterior a Castro.

Entonces todo el mundo, no sólo Estados Unidos, estará invitado a comerciar con Cuba. "No queremos que Estados Unidos se adueñe de Cuba." La frase suena acuñada; el propio Don Emilio podría haberla pronunciado. En ella se resume un añejo temor: ser dominado por el vecino del norte. Así, la era posterior a Castro promete intensas confrontaciones políticas en el llamado patio trasero de Estados Unidos.

Pero no hemos llegado a ello. Por lo pronto la FNCA se ocupa de inmiscuirse políticamente en los asuntos internos de Cuba. Sin consideraciones de por medio, se apoya a la disidencia que crece discretamente. Se otorga veracidad a cada versión sobre las largas sentencias a las que serían sometidos los llamados disidentes, pues con ellas se comprobaría que la política de Fidel Castro viola los derechos humanos. La FNCA necesita mártires para alimentar el odio contra el gobierno cubano.

Tocan la puerta. La secretaria nos trae un café cubano muy negro y dulce, servido en una taza muy pequeña. Es entonces cuando me armo de valor para preguntar sobre el libro de Calvo Ospina. ¿Qué opina la vicepresidenta de la FNCA sobre las imputaciones hechas por el periodista colombiano?

—Todo es mentira —dice Clara María y se mantiene en relativa calma—. El libro fue pagado por el ministerio de Propaganda de Cuba. La enemistad entre Fidel Castro y los Bacardí es recíproca.

Sólo me queda preguntar por Pepín Bosch.

—Me quito el sombrero ante él —dice—. Fue un visionario.

Me decido a omitir algunas de las preguntas más penetrantes relacionadas con sus actividades como cazador de terroristas. Me arrulla un poco la simpatía por esta energética mujer, quien además se muestra cargada de emoción e inteligencia natural. Además, nadie en este entorno parece dispuesto a admitir que aquí se negoció con la vida y la muerte de personas en Cuba, que aquí fueron selladas acciones terroristas que costaron la vida, entre otros, a un turista italiano. ¿Qué obtendría, realmente, si Clara María aceptara que de verdad se alegró cuando supo del atentado?

Al día siguiente, me despido del calor veraniego de South Beach. El cielo está inmaculadamente azul, mientras el mar brilla con centellas verdes hasta el horizonte mismo. Casi es como un bastidor de Bacardí, de no ser por los modernos edificios de apartamentos y por las isletas multicolores esparcidas por la arena, en las cuales se rentan sombrillas y camastros.

En un radio portátil suena la música del Buenavista Social Club y, como a doscientos metros, un grupo de jóvenes se divierte jugando al voleibol. Es un marco propicio para sacudirse el estrés del viaje. De repente, finaliza el adormecedor idilio playero. A la derecha se aproxima el rugido de una aeronave monomotor. El sonido crece y se traga las notas cubanas de la radio y los gritos de los deportistas. Sin quererlo miro hacia arriba. *Bacardí by night*, se lee en un letrero que ondea detrás del avión. *Let it fly. Unleash the party* (Bacardí de noche. Déjalo volar. Deja que se suelte la fiesta).

Así corren también las monstruosas sumas destinadas a la publicidad. En una entrevista de treinta minutos que me concedió el gran jefe Rubén Rodríguez, habló de 23 millones de dólares. Media hora en la cual no me enteré de mucho ni tampoco de nada concreto sobre el rumor de que Bacardí planeaba dar el salto a la bolsa de valores. Todas las preguntas en ese sentido obtuvieron la misma respuesta: "La familia decidirá cuándo es el momento apropiado".

Rodríguez es un delgado hombre de sesenta y tantos años, con ojos astutos que se prenden cuando habla de cosas que le interesan. Con agrado me describió a detalle su vida profesional. Luego de muchos años de trabajo para consorcios multinacionales, fue llamado a finales de los ochenta para hacerse cargo de Bacardí. Se le tenía confianza, ya que era conocido desde Santiago de Cuba. Con algunos miembros de la familia se había relacionado desde "la caja de arena" del jardín de niños. Sabe que nada ganará haciendo presión para lograr el salto a la bolsa; en cambio, prefiere aplicar una presión suave pero continua. Para que la empresa crezca se necesita cierta flexibilidad financiera, según dijo en 2002 a los accionistas, a quienes además les aclaró de dónde vendrían los fondos necesarios.

—La flexibilidad podría lograrse a través de intercambios accionarios con socios potenciales, por una venta abierta o por una combinación de ambas. Una venta pública permitiría garantizar a todos los accionistas un juego limpio con liquidez adicional.[128]

Sin embargo, al hablar con la prensa y con los especialistas, repite constantemente: "La decisión de emprender este camino o no depende exclusivamente de la familia".[129] Las reacciones de la familia también han sido las mismas: si es absolutamente necesario, no excluiremos la bolsa de valores; pero hasta el momento nuestra ausencia del mercado bursátil no ha dañado a nuestro crecimiento. Ya lo dice el dicho: hay muchas formas de pelar a un gato.

Mi amistosa conversación con Rubén Rodríguez abandonó en una sola ocasión el cauce de la conversación amable y casual. ¿Por qué no se me permitió hablar en Hamburgo con Guillermo Bacardí Lay? Se me dijo que la orden había venido de muy arriba. Los ojos del magnate se ensombrecen con la respuesta.

—¿A dónde vamos a ir a parar si cada uno de nuestros empleados preferidos habla con la prensa? —me dijo con voz penetrante—. Así no funcionan las cosas ni en Coca-Cola ni en General Motors o en otras empresas grandes.

—Pero Guillermo Lay no es un empleado cualquiera —interrumpí—, sino el responsable del control de calidad en Europa y además un miembro de la familia.

—Sobre la familia podría haber hablado con usted, pero no sobre la empresa ni sobre nuestros productos. La familia es la familia y el negocio es el negocio.

Entonces, la "general" del terreno, la vocera Miss Pat, miró el reloj y me concedió unos minutos más para una última pregunta. Pero decliné el ofrecimiento.

Aún me siento como enlatada por el sol cuando de nuevo suena un rugido. Está bien, pienso, finalmente los deportistas regresan a casa. Pero miro hacia arriba y ahí está la competencia. Esta vez el letrero dice: "Mojito Club. Ron cítrico estilo cubano". Está impreso en colores naranja y amarillo, los de la marca Havana Club. La guerra de los consorcios se transporta a los cielos mismos de Miami Beach.

Hasta diez veces más rugen sobre mí los aviones de Bacardí y Pernod-Ricard en esta tarde. En una ocasión entrecruzan sus rutas. Se tocan, o parecen hacerlo, las bandas que ondulan en el aire. Podría ser que este levitante *pas de deux* no sea más que el final anticipado de la furiosa guerra entre ambos grupos. Pero mis preguntas permanecen sin respuesta en este día soleado en la playa de Miami. Sólo un año después me enteraría del estado de las cosas.

Luego de un intercambio de mensajes electrónicos que se prolongó semanas, finalmente obtuve una cita con Toten Comas Bacardí, el hermano gemelo de Adolfo que vive en España. El punto de encuentro es un hotel con campo de golf en la Costa del Sol, veinte kilómetros al norte de Marbella. Toten, que celebró sus sesenta años a principios de junio, vive muy cerca de allí. Si se le hubiera preguntado al adolescente Toten a qué se dedicaría, la respuesta hubiera salido como una bala: "Cervecero. La cerveza es mejor negocio que el ron". Eso fue en La Habana, en tiempos de la Revolución. En el exilio estadounidense, el sueño se vino abajo. Se había inscrito en una escuela para destiladores en Milwaukee, pero después de un año de clases lo llamaron de la familia. El tío Daniel Bacardí Rosell, entonces presidente de Bacardí & Company, le había preparados otros planes. De acuerdo con Manuel Jorge Cutillas, entonces director de producción en Nassau, Toten debía instruirse como conocedor del ron. A principios de los setenta, la empresa necesitaba fuerza de trabajo calificada para los mercados en expansión de Asia y Europa. Toten recuerda con agrado esos ocho años en las Bahamas, cuando estuvo al cuidado de su tío Daniel y en los mejores términos con Manuel Jorge. Ambos venían de la rama de Emilio Bacardí; sus respectivas madres eran primas en primer grado.

Entonces, Toten admiraba al dinámico Manuel Jorge. Pero actualmente las cosas son distintas. En su opinión, Cutillas ha sido de los presidentes más débiles que ha tenido la empresa en su larga historia. Débil, porque con tal de conquistar el poder se manifestó dispuesto a complacer a cualquiera. Uno de sus más grandes errores habría sido imponer a "Chip" Reid en la cúpula del consorcio. Se trataba de un ejecutivo sin sensibilidad para la peculiar estructura de la empresa familiar. En 1999 había sido posible evitar en el último minuto la entrada a la bolsa de valores preparada por Cutillas y Reid. Pero Rubén Rodríguez, sucesor de Cutillas, jugó entonces un juego perverso. Por un lado, pretendía hacer sólo lo que la familia decidía, pero a la postre se había pronunciado enfáticamente a favor de la entrada a la bolsa y con ello había ignorado los deseos de los disidentes como si este tercio "rebelde" de la familia no perteneciera más a ésta.

Entonces conversamos otra vez acerca de los viejos tiempos, aquellos años entre 1977 y 1986, cuando Toten Comas Bacardí dirigía el área de control de calidad en la fábrica de Málaga. Fue un trabajo que le divirtió muchísimo hasta que se dio la crisis con el despido de su hermano gemelo Adolfo y de sus primos

Alberto y Jorge. Entonces Toten renunció como muestra de solidaridad.

Los años siguientes los ocupó en negocios de bienes raíces, así como en la construcción de dos centros comerciales. También tuvo una incursión en la política. Como miembro del Grupo Independiente Liberal, aspiró a un escaño en el Senado en Madrid. Pero el partido fracasó por sus propias tendencias autocráticas. Toten abandonó sus filas y desde entonces se dedica a los negocios. Por ahora administra franquicias de comida rápida estadounidense.

El sexagenario da una impresión de agilidad. Tiene unos ojos color azul acuoso iguales a los de su bisabuelo Emilio y, como éste, lleva bigote. Su actuar tiene algo de atlético e irradia cordialidad. Sin molestarse, abre las puertas a todo tipo de preguntas. Sólo en una ocasión parece agradarle la posibilidad de apagar la grabadora. Se trata de los motivos por los cuales algunos miembros de la sexta generación se opusieron a la entrada a la bolsa. Toten cuenta que los directivos de entonces estaban más que listos para poner el poder del consorcio a su propio servicio. Entretanto, los tiempos relativamente buenos de los disidentes ya son historia. El acuerdo negociado en 1992, por medio del cual se otorgaron tres asientos en el consejo directivo de quince miembros a los disidentes, se desconoció en el verano de 2003. En las nuevas elecciones resultaron ganadores solamente los promotores de la entrada a la bolsa y los representantes de la disidencia fueron desbancados.

Toten Comas Bacardí se entusiasma cuando habla acerca de quienes promueven la reforma en la empresa. Entre ellos se encuentran la rama del Campo Danguillecourt Bacardí y Bacardí Gaillard, dirigidos por Facundo Luis, un joven de treinta y tantos años de la rama de Facundo Miguel. Toten dice que Facundo Luis es un hombre sediento de poder y de mentalidad vertical que carece de la habilidad necesaria para establecer empatías con los argumentos de quienes se le oponen.

—Si al menos se nos escuchara —se queja Toten— y se respetara nuestra posición. Si, por ejemplo, hubiera productos a la venta que complementaran nuestro portafolio y que requirieran mucho dinero para su compra, de seguro aprobaríamos la entrada a la bolsa. Pero por el momento no existen esos planes. O si se tratara de establecerse de nuevo en Cuba —cuando Castro se muera— ninguno de nosotros se opondría a sacar el dinero necesario de la bolsa de valores para invertirlo en Cuba. Pero sin metas claras y convincentes que sirvan a la misión de nuestra propiedad familiar, no vemos ningún sentido a la mutilación de las estructuras disponibles y comprobadas.

Toten no pretende evadir los conflictos que hay en la familia, pero sí minimizarlos. Sobre todo, desearía que la familia no se fracturara por estas cuestiones. También sabe que los viejos de la cuarta y quinta generación son cada vez menos respetados y que a causa del crecimiento familiar surgirán una y otra vez algunas preguntas. "La familia. ¿Qué es eso y quién la forma?". La respuesta de los jóvenes será: "Un mito". El tiempo corre contra los disidentes. Acaso el destino sacudirá a la sexta generación, la más descastada, si Fidel Castro fallece. Quizá ése sería el momento cuando redescubrirán sus raíces cubanas y renovarán los lazos familiares. El "regreso a las raíces" motivaría un nuevo sentimiento de pertenencia entre los Bacardí, que ahora se encuentran desparramados por todo el mundo. Así se reanimaría el aún disponible orgullo respecto de los antepasados cubanos y se aseguraría que las futuras y políglotas generaciones no pondrán fácilmente en riesgo una empresa llena de tradición.

Entre aquellos que pasaron su infancia y juventud en Cuba, no hay dudas respecto a que un nuevo anclaje en la vieja patria sería todo un golpe de la fortuna. "La familia Bacardí no tiene otra visión política que no sea regresar a Cuba", dijo Manuel Jorge Cutillas en 2003. "Ya no necesitamos Cuba para hacer negocios. Pero sería hermoso tenerlos ahí. Desde un punto de vista romántico y emocional, sería la coronación de un éxito, en cuanto al negocio."[130] Dos años antes, el entonces vocero de Bacardí, Rodríguez Márquez, dijo emocionado: "Queremos regresar porque en Cuba se encuentran nuestras raíces, porque ahí fue descubierto nuestro ron por Don Facundo Bacardí y Massó. La isla es nuestra patria. Cuba, ¡eso somos!".

¿Y Toten? ¿Regresaría a Cuba?

—Sólo si hubiera una tarea para mí. La aceptaría por sentido de responsabilidad. De manera voluntaria no regresaría. ¿Visitar Cuba? Sí, pero, ¿vivir allá? De ningún modo. Eso es algo que no me puedo ni imaginar hoy en día.

Debatimos un rato acerca de si Castro es un dictador o solamente un viejo obstinado que ya no está en condiciones de distinguir entre lo políticamente necesario y posible, y sobre las viejas utopías socialistas. Toten confirma una vez más que también él, como muchos otros miembros de la familia, aportó fondos para acciones anticastristas y que hubiera luchado en Bahía de Cochinos si su padre no se hubiera entrometido.

El sol arde. Se acercan las dos de la tarde.

—¿Un agua mineral más, café, té?

El mesero nos saca de la conversación. Toten mueve la cabeza. ¿Me atrevería a invitarle un Bacardí? Lo hago y él contesta feliz:

—Sí, de mil amores.

—¿Quiere uno blanco o añejo?

—Carta Blanca, por favor, con mucho hielo y sin limón.

Cuando brindamos, minutos después, se queda pensativo por un momento.

—Me vino a la cabeza el recuerdo de mi madre —interrumpe su silencio—. Aún hoy, ella toma todos los días una copita de Carta Blanca. Así ha llegado a los noventa años.

—Son los genes, Toten. Piense en Emilio.

—No. Es nuestro ron. Si lo toma con moderación, pero con regularidad, vivirá más tiempo.

¡Vaya publicidad! No me atrevo a contradecirlo.

NOTAS

[1] Zeuske, Michael y Max. *Cuba 1492-1902*, p. 235.
[2] Humboldt, Alexander von. *Cuba-Werk*, p. 76.
[3] Zeuske/Zeuske, p. 224
[4] Hurtado, Nicolás Torres: *Orígenes de la compañía Bacardí*, p. 44
[5] Zeuske/Zeuske, p. 224.
[6] Bacardí Alemania: Fachkunde Rum
[7] Foster, Peter. *Espíritu de familia: la dinastía Bacardí*, p. 8.
[8] Humboldt, Alexander von; *El redescubrimiento del Nuevo Mundo*, p. 187.
[9] Niess, Frank: *20 Veces Cuba*, p. 187.
[10] Zeuske/Zeuske, p. 397.
[11] Niess, p. 206.
[12] Hoffmann, Bert: *Cuba*, p. 33
[13] Foster, p. 18.
[14] Niess, p. 235.
[15] Hoffmann, p. 42.
[16] Foster, p. 22.
[17] Bacardí USA (editores): El mundo del Museo Bacardí, Miami, 1996
[18] Foster, p. 24
[19] *Ibid.*, p. 31

[20] *Ibid.*, p. 29.
[21] *Ibid.*, p. 47.
[22] Foster, p. 38.
[23] *Ibid..*
[24] Niess, p. 271.
[25] *Ibid.*, p. 272.
[26] *Ibid...* p. 274.
[27] Foster, p. 28
[28] *Ibid..*, p. 43.
[29] *Ibid..*, pág.43
[30] Hoffman, p. 48.
[31] Foster, p. 54.
[32] *Ibid.*, p. 56.
[33] *Ibid.*, p. 47.
[34] Niess, p. 204.
[35] Foster, p. 70.
[36] *Ibid.*, p. 72.
[37] Hemingway, Ernest, *Tener o no tener*, en *Obras completas*, Reinbeck 1986, p. 274.
[38] Foster, p. 65.
[39] *Ibid.*, p. 66.
[40] Niess, p. 289.
[41] Véase Hoffmann, p. 26. "Cuando la Constitución de la República ha sido traicionada y al pueblo le han sido arrebatados todos sus derechos, sólo le queda el derecho, que ninguna fuerza en el mundo podrá arrancarle, el derecho a la resistencia contra la opresión y la injusticia." (Fidel Castro)
[42] Calvo Ospina, Hernando: *Ron Bacardí. La guerra oculta*, p. 26.
[43] Foster, p. 88.
[44] *Ibid..*

[45] *Ibid.*, p. 89.
[46] *Ibid.*, p. 92.
[47] Hoffmann, p. 69.
[48] Foster, p. 100.
[49] *Ibid.*, p. 102.
[50] *Ibid.*, p. 104.
[51] *Ibid.*, p. 104.
[52] "El signo del murciélago", en NDR Info, 16 de abril de 2001. Entrevista de Jean Claude Kuner.
[53] Clarke, Sidney: *All the best in Cuba*, p. 25.
[54] *Ibid.*, p. 26.
[55] *Ibid..*
[56] Fuentes, Norbert. *Ernest Hemingway. Los años en Cuba*, p. 219.
[57] Campoamor, Fernando G. *El hijo alegre de la caña de azúcar. Biografía del ron*, pág.106.
[58] Matthews, Herbert: *The Cuban Story*, p. 35.
[59] *Ibid..*
[60] *Ibid.*, p. 180.
[61] *Ibid.*, p. 298.
[62] Foster, p. 125.
[63] *Ibid..*
[64] Matthews, p. 259.
[65] Foster, p. 139.
[66] *Ibid.*, p. 147.
[67] *Ibid.*, p. 142.
[68] *Ibid.*, p. 88.
[69] *Ibid.*, p. 158.
[70] Foster, p. 152.
[71] "El signo del murciélago", en el programa radiofónico alemán NDR Info, 16 de abril de 2001.
[72] Ospina, p. 39.

[73] *Ibid.*, p. 41.
[74] *Ibid.*, p. 39.
[75] *Ibid.*, p. 49.
[76] Foster, p. 165.
[77] *Ibid.*, p. 167.
[78] *Ibid..*
[79] *Ibid..*
[80] *Ibid.*, p. 171.
[81] Calvo Ospina, p. 51.
[82] *Ibid.*, p. 55.
[83] *Ibid.*, p. 59.
[84] *Ibid.*, p. 69.
[85] *Ibid.*, p. 60.
[86] *Ibid.*, p. 73.
[87] *Ibid.*, p. 72.
[88] Foster, p. 174.
[89] *Ibid..*
[90] Folleto del Museo Bacardí, sin fechar.
[91] Foster, p. 183.
[92] *Ibid.*, p. 181.
[93] *Ibid.*, p. 185.
[94] *Ibid.*, p. 191.
[95] *Ibid.*, p. 209.
[96] *Ibid.*, p. 214.
[97] *Ibid.*, p. 218.
[98] *Ibid.*, p. 221.
[99] *Ibid.*, p. 229.
[100] *Ibid.*, p. 236.
[101] *Ibid.*, p. 237.
[102] "El signo del murciélago", dentro del programa NDR Info, 16 de abril de 2001.
[103] *Ibid..*

[104] *Ibid..*
[105] Calvo Ospina, p. 76.
[106] *Ibid.*, p. 82.
[107] Comp. Calvo Ospina, p. 93.
[108] Calvo Ospina, p. 95.
[109] *Ibid..*
[110] *Ibid..*
[111] *Ibid.*, p. 85.
[112] Das Forum, en NDR Info, 12 de febrero de 2001: "Exiliados cubanos", por Bernd-Uwe Gutknecht.
[113] Comp. Calvo Ospina, p. 90.
[114] Calvo Ospina, p. 91.
[115] *Ibid.*, p. 105.
[116] *Ibid.*, p. 106.
[117] Comp. Calvo Ospina, p. 113.
[118] Bartu, F., en *Neue Zürcher Zeitung*, 9 de agosto de 2001, p. 11.
[119] Comp. Bartu F. en *Neue Zürcher Zeitung*, 9 de agosto de 2001, p. 11.
[120] "El secreto del murciélago", documental de ARTE, 28 de octubre de 2003.
[121] *Ibid..*
[122] *Ibid..*
[123] *Ibid..*
[124] Foster, p. 236.
[125] Benes, Alejandro: "El espíritu del murciélago: Bacardí rompe con la tradición de mantener unidos a la familia y a la empresa", en *Cigar Aficionado*.
[126] *Ibid..*
[127] *Ibid..*
[128] Walker, Elaine: "Bacardí busca el cambio para poder crecer",

The Herald Businessmonday (Edición especial), 18 de noviembre de 2002.
[129] *Ibid.*.
[130] "El secreto del murciélago", documental de la cadena ARTE, 28 de octubre de 2003.

APÉNDICE

Árbol genealógico

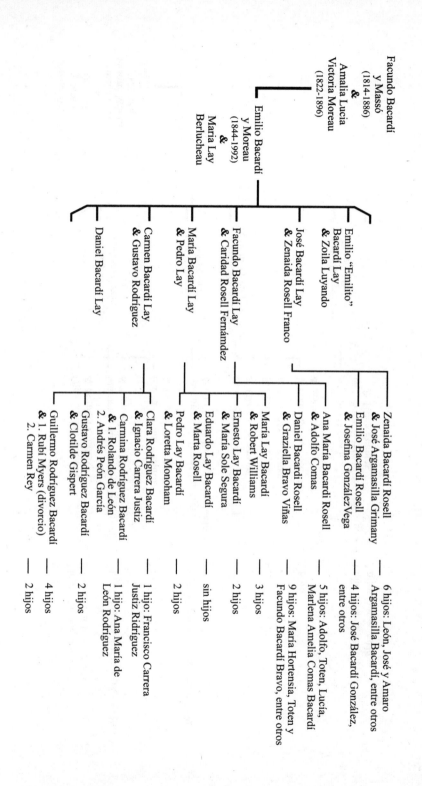

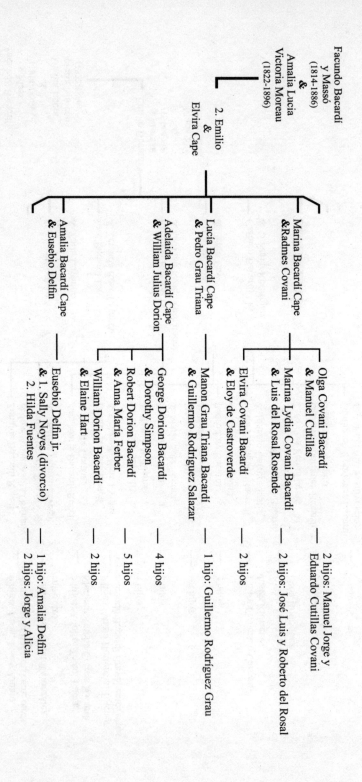

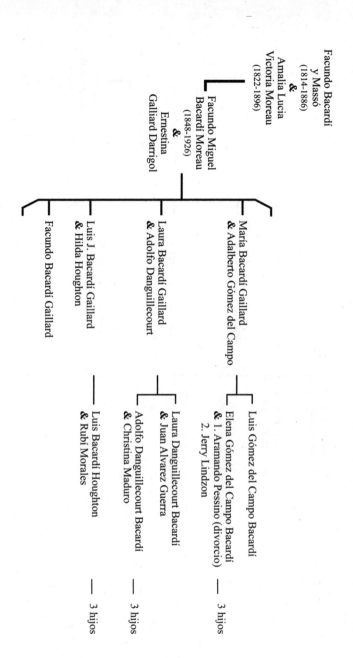

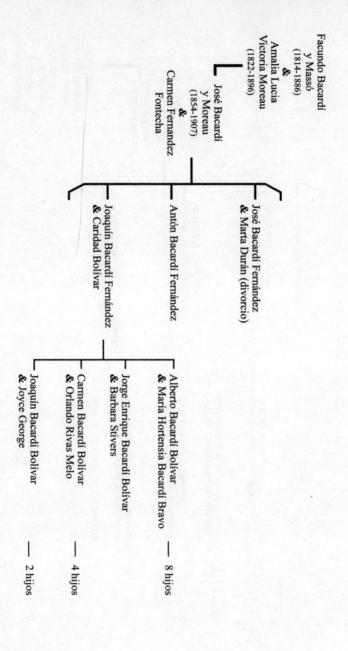

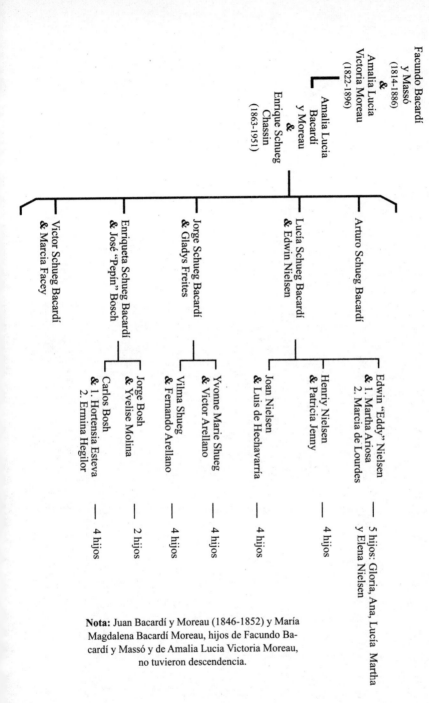

Nota: Juan Bacardí y Moreau (1846-1852) y María Magdalena Bacardí Moreau, hijos de Facundo Bacardí y Massó y de Amalia Lucia Victoria Moreau, no tuvieron descendencia.

BIBLIOGRAFÍA

Bacardí, Emilio. *Via crucis*. Editorial Letras Cubanas, La Habana, 1979.

Bacardí Deutschland (eds.) *Fachkunde Rum*, sin año.

Barnet, Miguel. *Der Cimarrón. Die Lebensgeschichte eines entflohenen Negersklaven aus Cuba, von ihm selbst,* Insel Verlag, Francfort, 1969.

Bartu, F., en. *Neue Zürcher Zeitung*, 9 de agosto de 2001.

Benes, Alejandro. "The spirit of the Bat: Bacardí breaks with tradition to keep the Company and the Family together", en: *Cigar Aficionado*, Washington, 2001.

Calvo Ospina, Hernando. *Im Zeichen der Fledermaus. Die Rum-Dynastie Bacardí und der geheime Krieg gegen Cuba*, Papyrossa Verlag, Köln, 2002.

Campoamor, Fernando G.. *El hijo alegre de la Caña de azúcar. Biografía del ron*, Editorial Científico Técnica, La Habana, 1988.

Cardenal, Ernesto. *In Kuba. Bericht von einer Reise*, Peter Hammer Verlag, Wuppertal, 1985.

Clarke, Sydney. *All the best in Cuba*. Dodd, Mead & Company, Nueva York, 1956.

Foster, Peter. *Family Spirits. The Bacardí Saga*, MacFarlane Walter & Ross, Toronto 1990.

Fuentes, Norbert. *Ernest Hemingway - Jahre auf Kuba,* Galgenberg Verlag, Hamburgo, 1987.

Herbst, Frank. *Cuba,* Reise Know-How Verlag Peter Rump, Bielefeld, 2003.

Heideking, Jürgen. *Geschichte der USA,* UTB für Wissenschaft, Stuttgart, 1996.

Hemingway, Ernest. *Gesammelte Werke,* Bd. 2, Rowohlt Taschenbuch Verlag, Reinbek, 1986.

Hoffmann, Bert. *Kuba,* Becksche Reihe Länder, Múnich, 2000.

Humboldt, Alexander von. *Cuba-Werk,* Band 3, Studienausgabe, Wissenschaftliche Buchgesellschaft, Darmstadt, 1992.

Humboldt, Alexander von. *Die Wiederentdeckung der Neuen Welt,* Carl Hanser Verlag, Múnich, 1989.

Matthews, Herbert. *The Cuban Story.* George Braziller, Nueva York, 1961.

Meyer, Karl E.; Szulc, Tad. *The Cuban Invasion,* Frederick A. Praeger, Nueva York, 1962.

Niess, Frank. *20 mal Kuba,* Piper, Múnich, 1991.

Torres Hurtado, Nicolás. *Orígenes de la Companía Bacardí,* Santiago de Cuba, 1977.

Walker, Elaine. "Bacardí embraces change in order to grow", en: *The Herald,* 18 de noviembre de 2002.

The World of Bacardi Museum, Bacardí-Martini U.S.A. Inc., Miami, 1996.

Zeuske, Michael; Zeuske, Max. *Kuba 1492-1902: Kolonialgeschichte, Unabhängigkeitskriege und erste Okkupationen durch die USA,* Leipzieger Universitätsverlag, Leipzig, 1998.

Zeuske, Michael. *Kleine Geschichte Kubas,* Verlag C.H. Beck, Múnich, 2000.

Entrevistas

Jorge Rodríguez Márquez, Miami, febrero de 2001
Magdalena Casero, Miami, febrero de 2001
Tito Argamasilla Bacardí, Miami, febrero de 2001
Hernando Calvo Ospina, Bruselas, marzo de 2003
Adolfo Comas Bacardí, San Juan, marzo de 2003
Clara Maria del Valle, Miami, marzo de 2002
Rubén Rodríguez, Miami, marzo de 2003
Toten Comas Bacardí, España, junio de 2004

Los Bacardi, de Ursula L. Voss
se terminó de imprimir en abril del 2006
en Litográfica Ingramex, S.A. de C.V.
Centeno 162-1, Col. Granjas Esmeralda
México, D.F.